Martina Töpfer

Wie Pop-Up-Stores das Kaufverhalten verändern

Der Einfluss von Emotionen auf die Konsumentenwahrnehmung und Weiterempfehlung im Einzelhandel

Bibliografische Information der Deutschen Nationalbibliothek:

Die Deutsche Nationalbibliothek verzeichnet diese Publikation in der Deutschen Nationalbibliografie; detaillierte bibliografische Daten sind im Internet über http://dnb.d-nb.de abrufbar.

Impressum:

Ein Imprint der GRIN Publishing GmbH, München

Druck und Bindung: Books on Demand GmbH, Norderstedt, Germany

Covergestaltung: GRIN Publishing GmbH

Über die Autorin

Martina Töpfer ist seit 7 Jahren selbstständig als systemischer Coach & Organisationsberaterin mit Sitz in Düsseldorf tätig (www.martinatoepfer.com).

Sie berät Unternehmen in der Mitarbeiterführung und setzt die Förderung der individuellen Stärken in den Fokus ihrer wissenschaftlich fundierten sowie praxisbezogenen erfolgreichen Arbeit.

Als Diplom-Betriebswirtin und Wirtschaftspsychologin ist ihr USP die Mischung beider Disziplinen, die ihre Kunden deutschlandweit und darüber hinaus in Wien und Mailand sehr schätzen.

Als Autorin hat sie bereits 2009 ein Werk zur Synergie von Einkaufszentren, Galerien und dem innerstädtischen Einzelhandel veröffentlicht. Durch die Beratung vieler Kunden aus dem Retail ist Martina Töpfer Expertin für Themen rund um die Mitarbeiterführung. Sie ist Führungskräften somit ein wertvoller Sparring-Partner.

Die Sachkunde für den Retail findet sich zudem in ihren Veröffentlichungen wider.

Mit diesem aktuellen Beitrag greift Martina Töpfer als erste Absolventin des Master-Studiengangs Fashion & Retail Management Deutschlands das innovative Handelsformat Pop-Up-Stores auf. Martina Töpfer zeigt wirtschaftspsychologisch und betriebswirtschaftlich wie Einzelhändler, Projektentwickler und Städte durch Pop-Up-Stores sowohl die Neugier als auch das Kaufinteresse von Kunden wecken können.

Zusammenfassung

Das Erleben und Verhalten von Konsumenten wird maßgeblich über die Wahr-nehmungs- und Aufmerksamkeitsprozesse eines Individuums bedingt. Daher müssen entsprechende theoretische Erkenntnisse als Grundlage für die Exploration der Emotion *Neugier* auf die Verhaltensabsichten *Word of Mouth* und *Kaufabsicht* am Beispiel des innovativen Handelsformats *Pop-Up-Store*, das als Guerilla Marketingtool verwendet wird, Berücksichtigung finden. Die vorliegende empirisch quantitative Arbeit weist mit einer Stichprobe in Höhe von $N = 368$ nach, dass es keinen signifikanten Unterschied in der empfundenen *Neugier* bei Besuchern mit oder ohne Pop-Up-Store Erfahrung gibt, denn die Mehrheit der Befragten erlebt einen Temporary-Store mit einer erhöhten *Neugier*. Die Erkenntnis, dass ein frei stehender Pop-Up-Store im Vergleich zu einem integrierten Pop-Up-Store besser bewertet wird und zugleich eine signifikant höhere *Neugier* beim Rezipienten auslöst, wurde empirisch erstmalig erfasst und ist damit ein Novum. Zudem ergibt die Exploration, dass die zunehmend ausgelöste Emotion *Neugier* beim Konsumenten eine signifikante Steigerung der *Weiterempfehlung* und der *Kaufabsicht* bewirkt. Ferner zeigen die Ergebnisse, dass mit höheren Werten der *Neugier* auch das *Erlebnis* der Pop-Up-Store Besucher steigt.

Abstract

The experience and behavior of consumers are decisively determined by the perceptual and attention process of an individual. Therefore theoretical findings as a basis for the exploration of the emotion *curiosity* towards behavioral intentions *Word of Mouth* and *purchase intent*, through the example of the innovative commercial format Pop-Up-Store, which is used as a Guerilla marketing tool, must find consideration. The present empirically quantitative work proves with a sample in the amount of N = 368 that there are no significant differences in the perceived *curiosity* of consumers with or without Pop-Up-Store experience. The majority of the 368 respondents experienced a Temporary-Store with enhanced *curiosity*. The findings that a freestanding Pop-Up-Store compared to an integrated Pop-Up-Store would be rated better and which would simultaneously set off a significant higher *curiosity* by the recipients was grasped empirically for the first time and is therefore a novelty. In addition, the exploration indicates that the increasingly triggered emotion *curiosity* by the consumers cause a significant increase to further recommendation and *purchase intent*. Furthermore, the results show that with a high level of *curiosity* the *experience* of Pop-Up-Store visitors would tend to increase.

Inhaltsverzeichnis

Über die Autorin III

Zusammenfassung IV

Abstract V

Abbildungsverzeichnis VIII

Tabellenverzeichnis IX

Abkürzungsverzeichnis X

1 Aufbau und Relevanz der Arbeit 1

2 Theoretischer Rahmen 2

2.1 Von der selektiven Wahrnehmung hin zur verhaltensbezogenen Reaktion eines Individuums – eine psychologisch wissenschaftliche Betrachtung 2

2.2 Neugier im Konsumentenverhalten als Voraussetzung für Guerilla-Marketing und die Entwicklung aktueller Handelsformate 13

2.3 Pop-Up-Stores – Ein innovatives Handelsformat 24

2.4 Pop-Up-Stores, Emotionen und Verhalten 38

2.5 Forschungsfrage und theoriegeleitete Hypothesen 44

3 Methodisches Vorgehen 49

3.1 Erhebungsinstrument und Fragebogenaufbau 49

3.2 Fragebogenerhebung und Untersuchungsdurchführung 51

4 Statistische Auswertung und Ergebnisdarstellung 53

4.1 Datenanalyse und -bereinigung 53

4.2 Deskriptive soziodemografische Auswertung 54

4.3 Hypothesenbezogene Auswertung 55

4.4 Auswertung der Nebenhypothesen 67

5 Diskussion, Reflexion und Ausblick 70
5.1 Diskussion der Ergebnisse 70
5.2 Kritische Reflexion der Studie und Forschungsausblick 73
5.3 Implikationen für die Praxis 75
5.4 Fazit 77

Literaturverzeichnis 80

Anhang Bilderauswahl für den Fragebogen mit Quellenangaben 91

Abbildungsverzeichnis

Abb. 1: Zwei-Faktoren-Modell der Emotion. 6

Abb. 2: Dreikomponentenmodell der Einstellung 9

Abb. 3: Die Theorie des geplanten Verhaltens. 12

Abb. 4: S-O-R Modell im Konsumentenverhalten 14

Abb. 5: Einschätzung der Relevanz unterschiedlicher Trends im deutschen Einzelhandel. 22

Abb. 6: Umfrage zur Häufigkeit des Kleidungskaufs in Pop-Up-Stores 23

Abb. 7: Pop-Up-Store Klassifikations-Schema. 28

Abb. 8: Erfolgsfaktoren von Pop-Up-Stores. 33

Abb. 9: Uniqlo Pop-Up-Store in New York City 35

Abb. 10: Planungs- und Implementierungsrahmen für Pop-Up-Stores. 37

Abb. 11: Modell zur Hypothesenentwicklung. 45

Abb. 12: Bevorzugte Produktkategorien der Teilnehmer. 55

Abb. 13: Erfahrung der Teilnehmer mit Pop-Up-Stores. 56

Abb. 14: Histogramm zur Prüfung auf Normalverteilung des Konstrukts Neugier. 57

Abb. 15: Mann-Whitney-U-Test bei unabhängigen Stichproben zur Hypothesenüberprüfung von $H_{1.1}$ 58

Abb. 16: Bevorzugung der Pop-Up-Store Kategorie. 59

Abb. 17: Mann-Whitney-U-Test bei unabhängigen Stichproben zur Hypothesenüberprüfung von $H_{1.2}$ 60

Abb. 18: Histogramm zur Normalverteilung der Variable Weiterempfehlung. 61

Abb. 19: Linearität des Streudiagramms zur Hypothese $H_{2.1}$. 62

Abb. 20: Normalverteilung des Fehlerwertes zur Hypothese $H_{2.1}$ 62

Abb. 21: Histogramm zur Normalverteilung der Variable Kaufabsicht. 65

Abb. 22: Linearität des Streudiagramms zur Hypothese $H_{2.2}$. 66

Abb. 23: Normalverteilung des Fehlerwertes zur Hypothese $H_{2.2}$ 66

Abb. 24: Modell zur Hypothesenentwicklung 71

Abb. 25: Pop-Up-Store Logo von Zalando 91

Abb. 26: Örtlich integrierte Pop-Up-Stores 92

Abb. 27: Örtlich frei stehende Pop-Up-Stores 93

Tabellenverzeichnis

Tab. 1: Geburtsjahre der Teilnehmer in 10-er Intervallen ... 54

Tab. 2: Tests auf Normalverteilung zum Konstrukt Neugier ... 57

Tab. 3: Mittelwerte zur Hypothesenüberprüfung von $H_{1.1}$ ... 59

Tab. 4: ANOVA zur Hypothese $H_{2.1}$ ... 63

Tab. 5: Signifikanz der Korrelationskoeffizienten zur Hypothese $H_{2.1}$ ... 63

Tab. 6: Modellgüte zur Hypothese $H_{2.1}$ ... 64

Tab. 7: ANOVA zur Hypothese $H_{2.2}$ ... 67

Tab. 8: Signifikanz der Korrelationskoeffizienten zur Hypothese $H_{2.2}$ ... 67

Tab. 9: Modellgüte zur Hypothese $H_{2.2}$ ... 67

Abkürzungsverzeichnis

Abb.	Abbildung
Aufl.	Auflage
AV	abhängige Variable
β	Standardisierter Regressionskoeffizient Beta
bzw.	beziehungsweise
cron α	Cronbach`s Alpha
d.h.	das heißt
ebd.	ebenda
et al.	et alii
etc.	et cetera
F	ANOVA Faktor bzw. F-Test-Wert
f.	folgend
ff.	fortfolgend
H	Hypothese
Kap.	Kapitel
lfd.	laufende
M	Mittelwert
N	Gesamtstichprobe
NH	Nebenhypothese
Nr.	Nummer
o.S.	ohne Seite (bei Internetquellen)
p	Signifikanzniveau
PR	Public Relation
qm	Quadratmeter
r	Korrelationskoeffizient
R_{korr}^2	Korrigiertes R-Quadrat
S.	Seite

SD	Standardabweichung
St.	Sankt
t	*t*-Test Wert
Tab.	Tabelle
TV	Television
u.a.	unter anderem
USA	United States of America
UV	unabhängige Variable
vgl.	vergleiche
vs.	versus
WoM	Word of Mouth
z	Standardisierter *z*-Wert
z.B.	zum Beispiel

1 Aufbau und Relevanz der Arbeit

Die vorliegende empirische Ausarbeitung stellt den Forschungsgegenstand des innovativen Handelsformats *Pop-Up-Store* in das Zentrum der Betrachtung. Aktuelle Statistiken zeigen die Relevanz neuer Konzepte im Handel und insbe-sondere die zunehmende Bedeutung von Pop-Up-Stores (vgl. Lührmann, 2016, S. 2 ff.; vgl. EHI Retail Institute, 2015, S. 21). Doch um das Phänomen dieser sogenannten Kurzzeitläden explorieren zu können, bedarf es einer hinreichenden Analyse der theoretischen Grundlagen.

Da die Auswirkungen des emotionsbasierten Motivators *Neugier* auf die Verhaltensintentionen *Word of Mouth* und *Kaufabsicht* eines Individuums empirisch überprüft werden, basiert die Aufstellung der dazugehörigen Hypothesen sowohl auf Prozessen der menschlichen Wahrnehmung als auch der Abhandlung des Konsumentenverhaltens. Daher besteht der theoretische Rahmen zunächst aus der psychologisch wissenschaftlichen Darstellung der menschlichen Wahrnehmung, der *Neugier* und stellt dann das Verhalten dar, vgl. Kap. 2.1. Der explizite Blick auf das Konstrukt *Neugier* im Zusammenwirken mit dem Konsumentenverhalten unter Berücksichtigung aktueller Herausforderungen im Handel schließt gemäß der fortschreitenden Logik daran in Kap. 2.2 an. Auch die entscheidende Unternehmensstrategie des *Guerilla-Marketings* wird in diesem Teilkapitel erörtert. Nur durch Berücksichtigung dieses Fundaments kann in Kap. 2.3 das maßgebende Phänomen *Pop-Up-Store* vollständig erarbeitet werden und zudem in Kap. 2.4 mit dem zuvor Diskutierten zusammengefügt werden, um einen exakten und vollständigen Rahmen zu bilden.

Nach Aufstellung der zu überprüfenden Hypothesen in Kap. 2.5 folgt in Kapitel 3 die Benennung des empirischen Vorgehens und die hinzunehmende Betrachtung des Fragebogenaufbaus. Durch die gesamte Vorgehensweise ist es möglich, in Kapitel 4 die Überprüfung der aufgestellten Hypothesen durchzuführen, bevor diese final in Kapitel 5 diskutiert und reflektiert werden. Die Handlungsempfehlungen und das Fazit runden dann die vorliegende Arbeit vollständig ab.

2 Theoretischer Rahmen

Der zentrale Untersuchungsgegenstand dieser Arbeit ist die emotionale Wahrnehmung von Pop-Up-Stores und die daraus entstehende Handlungsabsicht. Um diese Thematik empirisch zu erheben, müssen die relevanten Aspekte zunächst in einem theoretischen Rahmen dargestellt werden. Daher folgt im ersten Teil dieses Kapitels zunächst die Erörterung des menschlichen Wahrnehmungsprozesses, der über die Emotionen und die Motivation zum Einstellungserwerb führt, bevor daraus ein Verhalten resultiert. Der zweite Abschnitt der Theorie beinhaltet die Anwendung der bisherigen Ausarbeitungen auf das Themengebiet *Einzelhandel*. Das Konsumentenverhalten und wie dieses insbesondere durch das Guerilla-Marketing beeinflusst werden kann, wird in Kap. 2.2 dargestellt. Die Übertragung aller gewonnenen Erkenntnisse auf das innovative Handelsformat *Pop-Up-Store*, dessen Definition und Strategien, werden in Kap. 2.3 und Kap. 2.4 vertiefend dokumentiert. Durch diese Vorgehensweise ist es möglich, in Kap. 2.5 schließlich die zentralen Hypothesen dieser Arbeit zu entwickeln und durch eine empirische Erhebung zu überprüfen.

2.1 Von der selektiven Wahrnehmung hin zur verhaltensbezogenen Reaktion eines Individuums – eine psychologisch wissenschaftliche Betrachtung

Die Zielsetzung dieser Arbeit umfasst die Exploration des Zusammenwirkens der Konsumentenwahrnehmung, der Emotion bzw. Motivation *Neugier* des Konsumenten und dessen Verhalten am Beispiel von Pop-Up-Stores. Zur begrifflichen Hinführung und anschließenden Anwendung in der Konsumforschung erfolgt zunächst eine Analyse und Einordnung dieser Variablen aus der psychologischen Forschung unter Hinzunahme des Aspekts der *sozialen Kognition*. Da Emotionen Organismus-Variablen des Individuums darstellen, die sich primär aus der Wahrnehmung bilden, wird diese zunächst thematisiert, bevor darauf aufbauend die Bereiche Emotion, soziale Kognition, Einstellung sowie das Verhalten als Reaktion (Response) erörtert werden.

2.1.1 Wahrnehmung

Die menschliche Wahrnehmung erfolgt über die Sinne. Es werden fünf Sinneswahrnehmungen unterschieden: visuell, auditiv, kinästhetisch, olfaktorisch und gustatorisch. Diese senden neuronale Impulse an das limbische System im Gehirn, wodurch es entsprechend der biologischen Entwicklung zu Emotionen sowie einem Abgleich mit dem bereits vorhandenen Wissen kommt. Im Anschluss daran folgt die Entwicklung bzw. die Aktivierung von Eindrücken und Einstellungen. Die Wahrnehmung des Individuums ist damit subjektiv (vgl. Loucks/Pechey, 2016, S. 1223, S. 1227; vgl. Orgs/Bestmann/Schuur/Haggard, 2011, S. 712 f.; vgl. Stoffregen/Bardy, 2001, S. 195).

Objektive *Realitäten* werden entsprechend der eigenen Motivation, Erfahrung und dem Austausch mit Gleichgesinnten zu subjektiv wahrgenommenen Wirklichkeiten konstruiert. Die Forschung spricht an dieser Stelle vom *Konstruktivismus* und akzentuiert dabei, dass Individuen nicht ausschließlich aufgrund von Reizen reagieren. Stimuli werden zunächst durch die aktive intraindividuelle Organismus-Variable gedeutet und führen dann zu Reaktionen im Sinne eines Verhaltens. Dabei können mehrere Personen aufgrund einer gemeinsamen Kultur ein einheitliches Verständ-nis über die Wertung bestimmter Konstruktionen haben. Letztlich bleibt die Wahr-nehmung aber ein vereinheitlichender Prozess innerhalb eines Individuums, bei dem durch diverse einwirkende Reize ein Ganzes für den Betrachtenden entsteht. Dies erklärt, warum unterschiedliche Personen abweichende Einstellungen und Verhaltensweisen zu einem gleichen Stimulus-Material haben können (vgl. Antoni-des/van Raaj, 1998, S. 110; vgl. Loucks/Pechey, 2016, S. 1222 f.).

Die Verarbeitungskapazität sämtlicher Reize ist begrenzt. In der Forschung wird dies als *selektive Wahrnehmung* bezeichnet. Das Individuum ist dementsprechend nicht fähig, alle situativ einwirkenden Reize gleichzeitig bzw. vollständig zu verarbeiten. Was wahrgenommen wird, hängt von der Zentralität eines Stimulus, der Aufmerksamkeit im Sinne der Motivation und der Fähigkeit einer Person ab. Ist ein Reiz auffällig oder relevant für ein Individuum, besteht eine erhöhte Wahrscheinlichkeit zur Aufmerksamkeit. Reize, die damit *zentral* sind, werden als *salient* bezeichnet. Ist das Individuum hingegen abgelenkt, nicht motiviert oder verfügt nicht über die kognitiven Ressourcen zur Wahrnehmung, wird die Aufmerksamkeit auf andere Sub- oder Objekte gerichtet, die *salienter* sind (vgl. Stoffregen/Bardy, 2001, S. 196-200; vgl. Purschke, 2014, S. 31; vgl. Blanz, 1999, S. 2-6).

Diese Erkenntnisse sind auch für den vorliegenden zentralen Forschungsgegenstand der Pop-Up-Stores relevant, denn auch Pop-Up-Stores entstehen überraschend und sind häufig auffallend gestaltet. Dies führt zu der Annahme, dass auch Pop-Up-Stores eine *Salienz* für den Betrachter haben, die dementsprechend die Aufmerksamkeit erhöhen sollte. Anschließend sollte dann auch die *Neugier* des Beobachters steigen.

2.1.2 Soziale Kognition, Emotionen und Neugier

Da Reize soziale Kognitionen und Emotionen im Individuum auslösen, werden diese Variablen in den Teilkapiteln 2.1.2.1 und 2.1.2.2 beschrieben. Beide Komponenten wirken wechselseitig auf die Einstellungen einer Person ein, wobei die soziale Kognition entscheidend für eine ausgelöste Emotion ist. Daher wird zunächst die soziale Kognition und im Anschluss das Konstrukt Emotion erläutert. Da im empirischen Teil der vorliegenden Arbeit die Variable *Neugier* von zentraler Bedeu-tung ist, wird diese zudem im Kontext dieses Kapitels als Emotionsform definiert.

2.1.2.1 Soziale Kognition

Soziale Kognitionen umschreiben die wissentlichen Prozesse der Gedanken, die Individuen in einem sozialen Kontext tätigen. Daher sind unmittelbare Umweltfaktoren, wie andere Personen und die direkte Face-to-Face-Interaktion, im Rahmen sozialer Kognitionen notwendigerweise stets mit zu betrachten (vgl. Fiske/ Goodwin, 1994, S.147, S. 150). Gleichzeitig sind Kognitionen verbunden mit den Themen Attribution (d.h. Prozesse der Ursachenzuschreibung), Stereotype und Vorurteile (beides sind Einstellungen gegenüber anderen Personengruppen). Folglich thematisieren Kognitionen sowohl automatisches als auch kontrolliertes Wissen sowie Erwartungen an andere Personen und Faktoren einer sozialen Umwelt. Sie sind damit eng verknüpft mit den folglich dargestellten Befunden zum Thema Einstellung (vgl. Fiske, 2004, S. 122 f.).

Während einige Kognitionsprozesse aus Persönlichkeitsmerkmalen resultieren, werden andere Denk- und Bewertungsprozesse durch Interaktionen, Beziehungen, Erfahrungen und Erwartungen mit der Umwelt beeinflusst. So kann auch die Kultur, durch die ein Individuum geprägt ist, dessen Kognitionsprozesse beeinflussen. Resultierend kann die eigene Äußerung eine intendierte Erwartung an eine andere Person beinhalten (vgl. Fiske/Haslam, 1996, S. 143; vgl. Proulx/Todorov/Aiken/de Sousa, 2016, S. 1; vgl. Wang, 2016, S. 583, S. 592).

Bereits erworbene soziale Kognitionen werden in Form bekannter Schemata automatisch verwendet. Wenn neue Reize der Umwelt nicht kongruent mit den bis-herigen Kognitionen eines Individuums sind, kommt es zur Erweiterung bzw. Modifikation alter Schemata oder zur Implementierung einer neuen Kognition. Gleichzeitig können veränderte Situationen bekannter Kognitionen zu einer Richtungsänderung hinsichtlich positiver oder negativer Gedanken führen (vgl. Fiske/Haslam, 1996, S. 146 f.; vgl. Fiske/Cuddy/Glick, 2001, S. 77).

Das Umfeld beeinflusst dementsprechend die sozialen Kognitionen und damit auch die Selbstwahrnehmung eines Individuums. Werden Erwartungen und Muster durch positive Gedanken als nützlich bestätigt, wird sich eine Person weiterhin mit entsprechenden Umweltfaktoren umgeben. Bedrohen sie hingegen den Selbstwert, so wird das Individuum in Folge der ausgelösten Kognitionen künftig Abstand zu den auslösenden Faktoren halten oder diese negativ bewerten. Der Selbstwert kann beispielsweise aufgrund der mangelnden Kompetenz zur wissentlichen Verarbeitung gefährdet werden. Die Beurteilung der sozialen Kognition wirkt damit unmittelbar auf die Einstellung des Individuums ein (vgl. Proulx et al., 2016, S. 16 f.; vgl. Fiske/Haslam, 1996, S. 155 f.; vgl. Fiske et al., 2001, S. 82).

2.1.2.2 Emotionen

Emotionen stellen eine affektive Komponente dar, die sowohl negativ als auch positiv ausgerichtet sein kann (vgl. Jonas/Stroebe/Hewstone, 2007, S. 89; vgl. Ekman/Davidson, 1994, S. 7 f.). Sie werden durch wahrgenommene Ursachen in Form von Reizen ausgelöst. Gleichzeitig sind Emotionen mit dem Anstieg des physiologischen Erregungsniveaus, genannt *Arousal*, verbunden (vgl. Sartory, 1986, S. 95 f.; vgl. Berlyne, 1966, S. 31).

Kleinginna und Kleinginna (1981) verweisen in ihrer Definition von Emotionen auf mehrere fundamentale Merkmale, die bei der wissenschaftlichen Forschung für das Grundverständnis elementar sind. Die Autoren akzentuieren, dass Emotionen aus einem Wechselprozess von objektiv sowie subjektiv wahrgenommenen Bestand-teilen resultieren. Sie werden sensorisch und neuronal an das Gehirn weitergeleitet. Folglich steigt das *Arousal*, welches sowohl die Lust als auch die Unlust evoziert. Parallel werden durch Emotionen auch Bewertungen gegenüber Einstellungs-subjekten oder -objekten im Individuum hervorgerufen, die einen Eindruck bilden oder festigen. Folglich kann es zu körperlichen Reaktionen im Sinne des Verhaltens kommen (vgl. Merten, 2003, S. 12 f.; vgl. Gross/Levenson, 1993, S. 970; vgl. Bernat/ Cadwallader/Seo/Vizueta/Patrick, 2011, S. 509 f.).

Gross (1998) hat nachgewiesen, dass die Art der ausgelösten Emotion kognitiv beeinflussbar ist. Sie hängt ab vom Stimulus-Material, welches einer Person bewusst dargeboten wird. Gross` Untersuchungen beinhalteten elektromagnetische Testverfahren, mit denen die veränderten Muskelaktivitäten im Gehirn, verursacht durch den Einfluss der Reize, gemessen wurde. Genau diese Veränderungen sind ein Grund für die ausgelöste Emotion. Resultierend kann ein Sender intentional

Reize an eine Person darbieten und damit im Empfänger eine vermeintlich absehbare Emotion auslösen (vgl. Gross, 1998, S. 224 f.).

Bernat und Kollegen (2011) konnten in diesem Zusammenhang umgekehrt zeigen, dass die Folge von ausgelösten Emotionen ebenfalls kognitiv kontrollierbar ist (vgl. Bernat et al., 2011, S. 511 ff.). Sie boten ihren Versuchspersonen Stimulus-Materialien in Form von Bildern, die lerntheoretisch Emotionen im Individuum auslösen. Die Probanden wurden daraufhin gebeten, die Emotion, die sie erlebten, an einem Computer zu betiteln und zudem die Intensität der wahrgenommenen Emotion zu benennen. Damit fand eine kognitive Bewertung der Emotion statt. Genau diese Beschreibung und Wertung kann vom Teilnehmer u.a. von seiner Motivation und Fähigkeit kontrolliert und damit wissentlich beeinflusst werden (vgl. ebd., S. 499 ff.).

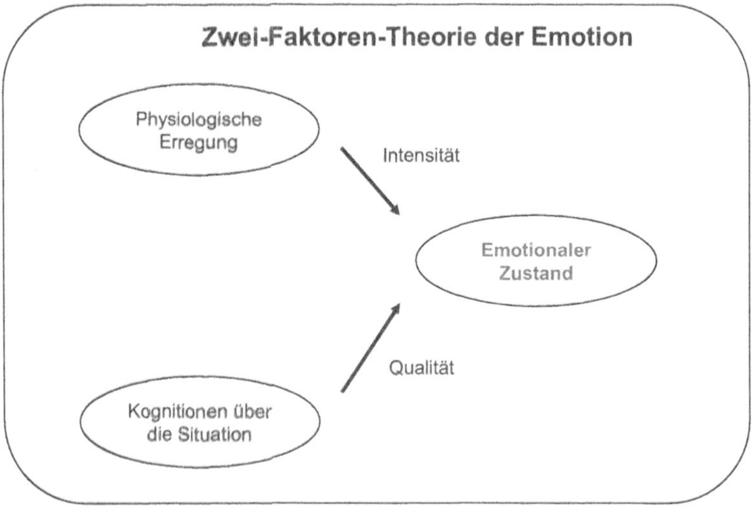

Abb. 1: Zwei-Faktoren-Modell der Emotion (eigene Darstellung in Anlehnung an Jonas/Stroebe/ Hewstone, 2007, S. 98).

Insgesamt kann entsprechend der erörterten Befunde und analog zu Abb. 1 festgestellt werden, dass Emotionen folglich aus der Intensität der physiologischen Erregung im Sinne des *Arousals* und der Qualität vorhandener Kognitionen entstehen. Das intensive Zusammenwirken aus Emotion, Kognition und *Arousal* bedingt damit die Einstellung eines Individuums. Diese Thematik wird nachstehend beschrieben, während zunächst die *Neugier* als Variable erörtert wird.

2.1.2.3 Neugier

Vor dem Hintergrund der Themenstellung dieser Arbeit ist die Variable *Neugier* von besonderer Bedeutung. Um diese im Kontext von Pop-Up-Stores in Kapitel 2.4 hin-reichend darzustellen, ist die Darbietung der Definition für ein einheitliches Ver-ständnis entscheidend, insbesondere vor dem Hintergrund, dass *Neugier* grundsätzlich als ein Motivationskonzept gewertet, jedoch auch dem Konstrukt Emotion zugeordnet wird. Zudem wird postuliert, dass *Neugier* stark positiv mit den Persönlichkeitsdimensionen *Offenheit für neue Erfahrungen* und *Extraversion* korreliert (vgl. Kashdan/Roberts, 2006, S. 145).

Dem Wort nach stammt die Bezeichnung *Neugier* aus dem lateinischen *curiosus* und bedeutet einerseits *wissbegierig, nach Neuem suchend* und andererseits *sorgsam, vorsichtig*. Damit dient die *Neugier* als Funktion primär dem Selbstschutz eines Individuums. Zudem ist *Neugier* als Begriff grundsätzlich wertneutral (vgl. Akhtar, 2017, S. 266 f.).

Neugier ist eine Reaktionsform des Individuums auf innovative, unbekannte und komplexe Reize. Diese führen zu einem erhöhten *Arousal* und einer motivationsbedingten Intention, sich vermehrt dem emotionsauslösenden Objekt zuzuwenden. Damit ist die *Neugier* eine anregende und aktivitätsauslösende Variable (vgl. Berlyne, 1966, S. 25 ff.; vgl. Bianchi, 2014, S. 3). Sie ist primär persönlichkeitsabhängig, kann aber auch situativ bei jedem Individuum ausgelöst werden. Gleichzeitig kann das zeitlich überdauernde Ausbleiben neuer oder anregender Reize zu einem passiven Verhalten aufgrund mangelnder *Neugier* führen, genannt *Langeweile* (vgl. Cohen, 2010, S. 201; vgl. Berlyne, 1966, S. 25-29; vgl. Kashdan/Steger, 2007, S. 159; vgl. Bianchi, 2014, S. 14 f.).

Die relevante aktivierende *Neugier* löst temporär begrenzt Impulse aus, durch die der Einstellungserwerb und das Verhalten eines Individuums gefördert werden. Diese werden nachstehend in Kap. 2.1.3 und 2.1.4 thematisiert. Insbesondere bei Gegebenheiten, die einer Person unbekannt sind, aber attraktiv oder interessant erscheinen, entsteht ein erhöhtes *Arousal*. Parallel weckt dies das Bedürfnis der intensiveren Auseinandersetzung mit dem *Neugier* auslösenden Objekt/Subjekt (vgl. Berlyne, 1966, S. 30 f.; vgl. Cohen, 2010, S. 201; vgl. Kashdan/Roberts, 2006, S. 140; vgl. Bianchi, 2014, S. 13). Phillips (2015) tituliert die verstärkte Bindung bzw. das vermehrte Interesse als erhöhte Aufmerksamkeit (vgl. Phillips, 2015, S. 149).

Kashdan und Roberts (2006) fanden heraus, dass Herausforderungen durch Unsicherheiten gekennzeichnet sind. Dadurch entsteht ein erhöhtes Erregungsniveau und ein gesteigerter *Affekt*, weshalb auch die *Neugier* steigt. Auch neue Situationen können eine aktivierende *Neugier* auslösen. In Folge der *Neugier* wird ein Individuum Reize der Umwelt intensiver wahrnehmen und im Verhalten so reagieren, dass die *Neugier* wieder minimiert wird (vgl. Kashdan/Roberts, 2006, S. 143). Philipps (2015) nennt das vermehrte Frageverhalten zur Reduktion der *Neugier* als einen der entscheidenden Treiber des Konstrukts (vgl. Phillips, 2015, S. 149).

Insgesamt konnte nachgewiesen werden, dass Personen mit verstärktem Bestreben nach *Neugier* an Tagen, an denen sie *Neugier* empfunden haben, als wertstiftender erlebt haben als Tage, an denen sie keine *Neugier* wahrnahmen. Darüber hinaus wurde die eigene Zufriedenheit an diesen Tagen ebenfalls höher bewertet. Auch Individuen, die *Neugier* eher situativ wahrnehmen, bezeichnen Tage als bedeutungsvoller und sinnstiftender, wenn an diesen Tagen *Neugier* in ihnen wahrgenommen wurde, als solche ohne diese. Im direkten Vergleich zeigt sich, dass Individuen mit *Neugier* als stark ausgeprägtes Persönlichkeitsmerkmal zwar häufiger Veranstaltungen besuchen, die mit Aktivitäten verbunden sind, diese aber mit weniger Vergnügen erleben als Personen mit situativ empfundener *Neugier*. Bei diesen kann das Erlebnisempfinden bis zum Folgetag anhalten. Insgesamt kann *Neugier* folglich einen unmittelbaren Effekt auf das Wohlbefinden eines Individuums haben (vgl. Kashdan/Steger, 2007, S. 152).

2.1.3 Einstellung

Einstellungen sind definiert als primär affektive und grundsätzlich langfristige Bewertungstendenzen hinsichtlich eines Einstellungssubjektes, -objektes oder Sachverhalts (vgl. Thurstone, 1928, S. 531). Damit haben Einstellungen eine Richtung – von *positiv* bis *negativ* oder *neutral* – und unterscheiden sich dementsprechend hinsichtlich ihrer Valenz. Gemäß des Multikomponentenmodells basieren Einstellungen, wie in Abb. 2 dargestellt, aus kognitiven, affektiven und verhaltensbezogenen Prozessen (vgl. Vargas/von Hippel/Petty, 2004, S. 207). Gleichzeitig kann je nach persönlicher Erfahrung und Motivation die Ausprägungsstärke einer Einstellung individuell variieren. Die Forscher postulieren ferner, dass Einstellungen zu Reaktionsweisen führen, die ebenfalls affektiv, kognitiv oder verhaltensbezogen sind (vgl. Eagly/Chaiken, 1993, S. 1; vgl. Eagly/Chaiken, 2007, S. 595 f.; vgl. Petty/Krosnick, 1995, S. 3 f.).

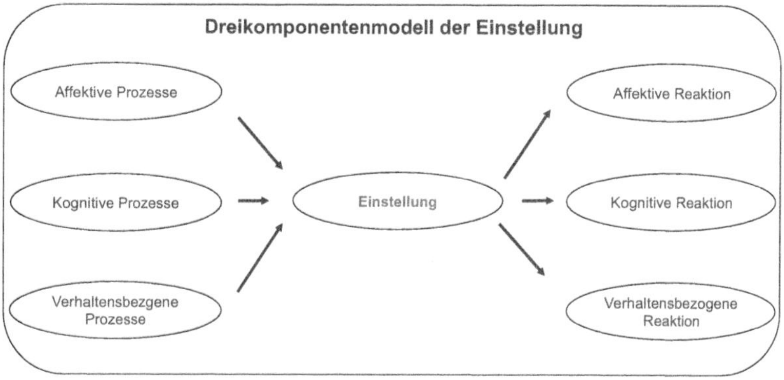

Abb. 2: Dreikomponentenmodell der Einstellung (eigene Darstellung in Anlehnung an Werth/Mayer, 2008, S. 206).

Entsprechend der ausgelösten Affekte kann auch die Bewertung eines Einstellungs-objektes unterschiedlich erfolgen. Die Art des Affekts wird dabei durch Lernprozesse aus der Vergangenheit, durch Persönlichkeitseigenschaften und zudem durch die Vertrautheit mit dem Einstellungsobjekt/-subjekt bedingt. Einstellungen werden im Zuge von unterbewussten Informationsprozessen automatisch aktiviert (vgl. Olson/Fazio, 2001, S. 413; vgl. Jonas et al., 2007, S. 191 ff.).

Die kognitive Komponente im Konstrukt *Einstellung* umfasst das Wissen sowie die Erfahrung und die Erwartung an einen Sachverhalt oder an eine Zielperson. Entsprechend der Abb. 2 folgt aus den bisherigen Erörterungen das Verhalten eines Individuums (vgl. ebd.; vgl. Petty/Krosnick, 1995, S. 7 f.). Dabei ist das Bedürfnis hin zu einer aufrechterhaltenden positiven Selbstwahrnehmung zu berücksichtigen, denn dieses Motiv leitet das Verhalten einer Person. Einstellungen unterstützen damit die Selbstwahrnehmung eines Individuums und die Selbstdefinition im Sinne des Selbstkonzepts (vgl. ebd.; vgl. Zunick/Teeny/Fazio, 2017, S. 1136).

Fabrigar und Kollegen (1998) weisen darauf hin, dass das Verhalten einer Person signifikant von der Einstellungsintensität hinsichtlich des zu bewertenden Gegenübers abhängt. Umso stärker eine bereits bestehende Einstellung ist, desto intensiver ist auch die Auseinandersetzung mit Informationen zum Gegenüber bzw. über das Einstellungsobjekt. Die Folge kann eine stärkere *Post*-Einstellung sein, die in Abhängigkeit von den beeinflussenden Informationen zu einem Umdenken oder einer Festigung der Einstellung führt.

Hat ein Individuum hingegen noch keine starke Einstellung, ist nicht die Stärke von Argumenten zum Einstellungserwerb entscheidend, sondern die Mischung aus affektiven und kognitiven Prozessen (vgl. Fabrigar/Priester/Petty/Wegener, 1998, S. 339 f., S. 344 ff.).

2.1.4 Verhalten

Menschliches Verhalten resultiert aus den bisher beschriebenen Mechanismen. Es ist damit eine Reaktion auf einwirkende Reize – auch Output-Variable genannt –, die im Organismus entsprechend ihrer *Salienz* oder Wichtigkeit verarbeitet werden. Für ein Verhalten sind neben den Stimuli einer Situation aber auch Persönlichkeitsvariablen verantwortlich. Im Rahmen dieser Ausarbeitung sei daher zunächst auf das *Sensation Seeking* und die *Impulskontrolle* hingewiesen.

2.1.4.1 Sensation Seeking als verhaltensauslösende Persönlichkeitsvariable

Sensation Seeking ist eine Persönlichkeitsvariable, die sich unmittelbar auf das menschliche Verhalten auswirkt; sie ist damit überdauernd und zeitlich stabil. Individuen mit einer hohen Ausprägung der Variable *Sensation Seeking* haben das Streben nach sozialen sowie körperlichen Erfahrungen und Erlebnissen, die von einem hohen Intensitäts- und Innovationsgrad geprägt sind. Auch eine gesteigerte Risikobereitschaft kann mit *Sensation Seeking* einhergehen. Personen, bei denen die beschriebene Variable stark ausgeprägt ist, neigen auch bei einem vergleichsweise uninteressanten Reizmaterial dazu, dieses mit *Neugier* zu betrachten (vgl. Zuckerman/Glicksohn, 2016, S. 48; vgl. Hoyle/Stephenson/Palmgreen/Lorch/Donohew, 2002, S. 401 ff.).

Sensation Seeking korreliert unmittelbar positiv mit den Variablen *Impulsivität* sowie *nicht-sozialisiert erlernter Kognition* und *Neuheitsstreben*. Der Zusammenhang mit der Persönlichkeitsvariable *Gewissenhaftigkeit* ist hingegen negativ (vgl. Zuckerman, 1996, S. 125). Das Bedürfnis nach Stimulation ist dementsprechend individuell verschieden ausgeprägt. Personen mit einem hohen *Sensation Seeking* Wert suchen in ihrem sozialen Umfeld eine höhere Stimulanz, um das damit verbundene *Arousal* zu steigern, als Individuen mit niedrigen Werten. Exzessive Aktivitäten sind damit erstrebenswert für Personen mit hohem *Sensation Seeking*, auch wenn diese dysfunktional sein können; beispielsweise, wenn damit eine Delinquenz, der Gebrauch toxischer Mittel oder der erhöhte Alkoholkonsum verbunden ist.

Ein Beharren oder Verweilen an gleichbleibenden Orten erleben Individuen mit hohem *Sensation Seeking* als beunruhigend; sie streben nach *Arousal* steigernden Aktivi-täten (vgl. Zuckerman/Glicksohn, 2016, S. 48 ff.; vgl. Phillips, 2015, S. 151; vgl. Hoyle et al., 2002, S. 405; vgl. Jackson, 2011, S. 29).

2.1.4.2 Impulskontrolle als verhaltensauslösende Variable

Einer Verhaltensabsicht folgt ein aktives oder auch passives Verhalten. Dieses ist einerseits von den bisher beschriebenen Prozessen abhängig, gleichzeitig aber auch von der *Impulskontrolle*. Überwiegen die affektive Instanz und das *Arousal* im Entscheidungsprozess für ein Verhalten, kommt es zum impulsiven Verhalten; es findet damit keine oder eine mangelnde Impulskontrolle statt. Die *Impulskontrolle* liegt hingegen vor, wenn kognitive Prozesse zur Verhaltensentscheidung den Affekt und das *Arousal* dominieren. Ein durch den Impuls geleitetes Verhalten kann damit aktiv und bewusst vermieden werden (vgl. Merz et al., 2009, S. 1; vgl. Bühringer, 2004, S. 86 ff.; vgl. George/Yaoyuneyong, 2010, S. 291 ff.).

Auch im Zusammenhang mit Kaufverhalten zeigen Studien, dass Personen, die zu weniger Impulskontrolle neigen, vermehrt Spontankäufe tätigen und sich insbesondere von einem wahrgenommenen Erlebnisgewinn leiten lassen. Der Mangel an kognitiver Ressource in dieser Situation oder auch der intraindividuelle Konflikt zwischen dem ausgelösten Impuls etwas zu kaufen und der Kognition, dieses Objekt nicht besitzen zu können – in Form einer kognitiven Dissonanz –, kann zu einem impulsgeleiteten Kaufverhalten führen. Beeinflusst wird die Ausprägung der Impulskontrolle auf das Einkaufsverhalten junger Erwachsener auch durch die familiäre Interaktion. So zeigen Baker und Kollegen (2016), dass ein Interaktionsstil, der eher sozial geprägt ist, mit weniger Impulskontrolle beim Kaufverhalten korreliert als ein konzeptioneller Kommunikationsstil, der durch eine eher kognitive Denk-weise beeinflusst ist. Gleichzeitig führt aber auch der Austausch mit Bekannten, Freunden oder der Familie über Mode oder Einkaufsgelegenheiten zu einer situativ bedingten verringerten Impulskontrolle. Damit steigt die Wahrscheinlichkeit eines Spontankaufs (vgl. Baker/Moschis/Rigdon/Fatt, 2016, S. 293 f., S. 297; vgl. George/ Yaoyuneyong, 2010, S. 292-295).

2.1.4.3 Verhaltensabsicht und gezeigtes Verhalten

Ob aus einem beabsichtigten Verhalten auch ein faktisches Verhalten entsteht, hängt insbesondere von der Handlungsabsicht und der aktuellen Kontrolle eines Individuums ab. Ajzen und Kollegen (2007) haben dazu ein Modell entwickelt, welches insbesondere die zuvor erörterten Aspekte – wie u.a. das *Sensation Seeking* und die Impulskontrolle – darstellt, die zu einem spontanen oder kontrollierten Verhalten führen. Diese werden zur Vollständigkeit zusammengefasst beschrieben, vgl. Abb. 3 (vgl. Ajzen/Albarracin/Hormik, 2007, S. 15 ff.).

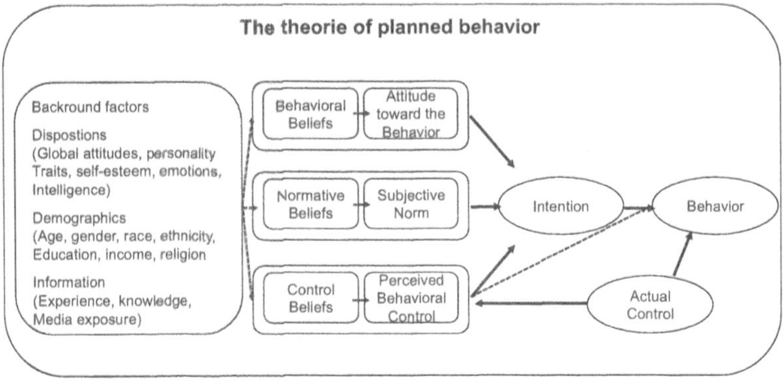

Abb. 3: Die Theorie des geplanten Verhaltens (eigene Darstellung in Anlehnung an Ajzen/Albarracin/ Hormik, 2007, S. 6).

Menschliches Verhalten entsteht u.a. aus einem Zusammenwirken von stabilen Persönlichkeitsmerkmalen wie dem Selbstwertgefühl, den Emotionen und Erfahrungen bzw. dem Wissen hinsichtlich eines Verhaltensobjektes. Gleichzeitig wirken aber auch die Faktoren Bildung, Alter und Geschlecht moderierend und mediierend auf ein Verhalten ein. Unterschiede der menschlichen Verhaltensweisen können damit begründet werden (vgl. ebd.).

Genau diese persönlichen und situativen Merkmale bewirken verhaltensbezogene, gesellschaftlich normative oder auch kontrollierte Gedanken. Einstellungen hinsichtlich eines potentiell gezeigten Verhaltens, subjektive Normen oder die wahrgenom-mene Verhaltenskontrolle wirken damit auf die Verhaltensabsicht ein. Aus der Intention resultiert dann das Verhalten (vgl. ebd., S. 13-16).

Gleichzeitig zeigt das Modell in Abb. 3, dass das tatsächliche Verhalten von der aktuellen (Impuls-)Kontrolle beeinflusst wird. Somit kann ein Mangel an wahrgenommener Kontrolle im Zusammenhang mit einem erhöhten *Affekt* und *Arousal* dazu führen, dass ein direktes Verhalten gezeigt wird und dies auch ohne eine Intention (vgl. ebd., S. 13 f.).

Diese Erkenntnisse über die Verhaltensabsicht und das gezeigte Verhalten sind insbesondere in dem Zusammenhang mit Pop-Up-Stores von besonderer Bedeutung. Zudem zeigt das Modell, wie Emotionen und Einstellungen auf das menschliche

Verhalten einwirken. Um den Prozess der Wahrnehmung bis hin zum Verhalten stringent auf Pop-Up-Stores anzuwenden, erfolgte in diesem Teilkapitel zunächst die vornehmlich psychologische Darstellung der relevanten Variablen. Im Folgenden werden diese Erkenntnisse mit der Erörterung aktuell maßgebender Einzelhandelsfaktoren verbunden und erläutert. Somit entsteht ein ganzheitliches Konzept für die Ausarbeitungen im Zusammenhang mit einem Pop-Up-Store.

2.2 Neugier im Konsumentenverhalten als Voraussetzung für Guerilla-Marketing und die Entwicklung aktueller Handelsformate

Insbesondere im Einzelhandel ist die Befriedigung von Kundenansprüchen von entscheidender Relevanz. Die zunehmende Dynamik und die erhöhte Flexibilität der Konsumenten bedingen die steigenden Anforderungen an einzigartige Produkte und Einkaufserfahrungen. Das bewusst wahrgenommene Erlebnis ist elementar für die Kundenzufriedenheit. Damit wächst die Bedeutung emotionaler Aspekte für den Konsumenten. Dementsprechend beeinflussen kognitiv erkannte und benennbare Emotionen die Bewertung eines Konsumerlebnisses (vgl. Cachero-Martínez/Váz-quez-Casielles, 2018, S. 1; vgl. Krishna/Morrin, 2008, S. 811; vgl. Pookulangara/ Hawley/Xiao, 2011, S. 195 f.; vgl. da Silva/Alwi, 2006, S. 293).

Um die Relevanz dieser Treiber und die Auswirkungen der aktuellen Tendenzen im Einzelhandel nachzuvollziehen, wird in Kap. 2.2.1 zunächst das Konsumentenverhalten dargestellt, bevor dieses mit der Variable *Neugier* in Verbindung gebracht wird. Wie die *Neugier* mit der *Weiterempfehlung* und einer *Kaufabsicht* im Zusammenhang steht, wird unter Hinzunahme aktueller Befunde erörtert.

Die Verwendung von Guerilla-Marketing Maßnahmen kann die Intentionen eines Unternehmens aktivieren, vgl. Kap. 2.2.2. Unter Berücksichtigung der dargestellten Erkenntnisse, wird in Kap. 2.2.3 auf den aktuellen Bedarf innovativer Handelsformate hingewiesen. Somit wird das Entstehen von Pop-Up-Stores und deren Bedeutung als Marketingtool für ein Unternehmen deutlich. Das gesamte Teilkapitel 2.2 bildet damit die Voraussetzung für die in Kap. 2.3 explorierte zentrale Thematik der *Pop-Up-Stores*.

2.2.1 Konsumentenverhalten in Abhängigkeit psychologischer Mechanismen

Die Bewertung einer Konsumerfahrung und das damit verbundene Verhalten erfolgt gemäß des psychologischen S-O-R Modells. Diesem liegt die Annahme zugrunde, dass Individuen Reize (Stimuli = S) über die Sinneswahrnehmungen aufnehmen, folglich im Organismus (= O) mittels Erfahrungen, kognitiver Kapazitäten und motivationaler Aspekte verarbeiten und daraus ein Verhalten (Response = R) resul-tiert, vgl. Kap. 2.1. Cachero-Martínez und Vázquez-Casielles (2017a) übertragen dieses klassische S-O-R Modell auf den Bereich Konsum, vgl. Abb. 4 (vgl. Cachero-Martínez/Vázquez-Casielles, 2017a, S. 538).

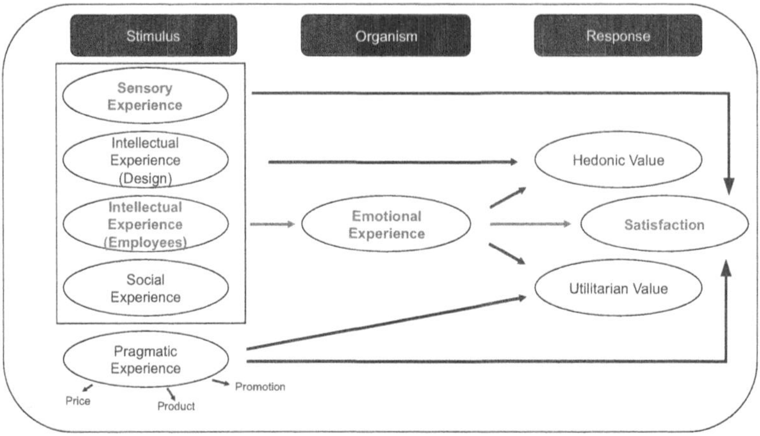

Abb. 4: S-O-R Modell im Konsumentenverhalten (eigene Darstellung in Anlehnung an Cachero-Mar-tínez/Vázquez-Casielles, 2017a, S. 538).

Kontrollierte Reize, die sowohl sensorisch, sozial als auch intellektuell sein können, werden in diesem Modell der Stimulus-Variable zugeordnet. Auch die pragmatische Erfahrung mit den Marketing-P`s Preis, Produkt, Promotion sind Stimuli. Die emotionale Erfahrung, sprich die daraus ausgelösten und hervorgerufenen Emotionen im Konsumenten, sind durch die aktive Organismus-Variable bedingt. Dabei ist zu beachten, dass Individuen abhängig von der eigenen Erfahrung, der temporären Motivation oder auch der eigenen Persönlichkeit unterschiedlich auf Reize reagieren. Interindividuelle Unterschiede müssen folglich insbesondere in der Organismus-Variable berücksichtigt werden. Als Reaktion folgt damit die erlebte Zufriedenheit sowie Werte, die hedonistisch oder utilitaristisch sein können (vgl. ebd., S. 538).[1]

---

1 Als hedonistisch werden vornehmlich Werte beschrieben, die Freude bereiten und sowohl von dem Genuss als auch dem Vergnügen dominiert werden. Sie werden internal wahrgenommen, während ein utilitaristischer Wert äußeren Entstehungsfaktoren zugewiesen wird. Utilitarismus meint damit den wahrgenommenen Nutzen eines Individuums durch die Umwelt (vgl. Cachero-Martínez/Váz-quez-Casielles, 2017a, S. 537 ff.).

Dieses Modell ist bedeutsam, denn es akzentuiert die Relevanz der entstehenden Emotion – an dieser Stelle die *Neugier* – für die Bewertung eines Pop-Up-Stores. Die Aktivierung sensorischer Reize muss analog bei der Planung eines Pop-Up-Stores einbezogen werden. Diese fördern die empfundene *Neugier* und lösen damit die Reaktion in Form von Zufriedenheit etc. beim Konsumenten aus.

Da Silva und Alwi (2006) ergänzen diese Ansätze mit dem Verweis darauf, dass sowohl emotionale als auch kognitive Faktoren das Kundenverhalten beeinflussen. Vor allem die eigene Erfahrung mit einer Marke sowie die Empfehlung von Bekannten beeinflussen die erlebte Wahrnehmung eines Konsumenten (vgl. da Silva/Alwi, 2006, S. 293 ff.). Auch Kästner und Kollegen (2011) akzentuieren genau diesen Aspekt. Sie weisen in ihrer Studie mittels Mann Whitney U-Test einen hoch signifikanten Zusammenhang ($p < .001$) zwischen dem erhöhten Bewusstsein einer Marke durch ein Event – beispielsweise einer Fashionshow – und einer damit verbundenen direkten *Kaufabsicht* von Konsumenten nach (vgl. Kästner/Springer/ Kirchgeorg, 2011, S. 25). Dementsprechend muss ein symbolischer Wert für den Besucher eines Geschäfts entstehen. Gleichzeitig muss für einen Konsumenten ein funktionaler Nutzen erkennbar werden und Emotionen müssen über die Sinne im Konsumenten hervorgerufen werden (vgl. da Silva/Alwi, 2006, S. 293 ff.).

2.2.1.1 Neugier im Zusammenhang mit Konsumentenverhalten

Emotionen, hervorgerufen durch die Wahrnehmung über die Sinnesorgane, haben – wie zuvor dargestellt – einen direkten, wenn auch zumeist unterbewussten Effekt auf das menschliche Verhalten und Wohlbefinden. Smith und Swinyard haben bereits 1988 die Bedeutung von Emotionen im Konsumentenverhalten betont. Da der Fokus bis dato auf das anerkannte Konstrukt *Interesse* gelegt wurde, akzentuierten die Autoren mit ihren Arbeiten die Emotion *Neugier* als auslösende Variable für ein Verhalten. Sie konnten nachweisen, dass neben dem Produkt-Bewusstsein auch eine Produktunsicherheit vorliegen muss, damit beim Konsumenten eine *Neugier* als internale situative Komponente entsteht. Sind diese Bedingungen gegeben, wird der Konsument mit einem gesteigerten Interesse für mehr Informationen reagieren (vgl. Smith/Swinyard, 1988, S. 3, S. 7, S. 10; vgl. Thomas/Vinuales, 2017, S. 886).

Cachero-Martínez und Vázquez-Casielles (2017a und 2017b) haben ebenfalls den Zusammenhang der Emotion *Neugier* im Handelskontext erforscht. Werden Konsumenten in einem Geschäft positiv überrascht, so werden in ihnen Emotionen wie Freude ausgelöst. Daraus resultiert der Effekt, dass Besucher sich länger in einem

Store aufhalten, eher etwas kaufen und dieses Geschäft im Nachhinein besser bewerten. Die positive *Neugier* ist damit eine Voraussetzung für eine Shopping-erfahrung, die folglich kognitiv als *Erlebnis* bewertet wird und zudem im Rückblick mit einem Gefühl der Zufriedenheit assoziiert wird (vgl. Cachero-Martínez/Vázquez-Casielles, 2017b, S. 474, S. 482; vgl. Cachero-Martínez/Vázquez-Casielles, 2017a, S. 537, S. 539; vgl. Jang/Baek/Choo, 2018, S. 210).

Die Möglichkeit, Produkte anzufassen und damit haptisch wahrzunehmen, löst im Konsumenten ein angenehmes sowie stimulierendes Gefühl aus. Dieses fördert eine positive Gesamtbewertung in Bezug auf das Konsumerleben (vgl. Cachero-Martínez/Vázquez-Casielles, 2017a, S. 549). Auch die olfaktorische Wahrnehmung – im Sinne des Geruchs –, die das limbische System im Gehirn aktiviert, führt dazu, dass die wahrgenommenen Gerüche mit Erfahrungen assoziiert und auf das neue Erlebnis projiziert werden. Eine Marke kann damit über den wiederholten Geruch eines Duftes erkannt oder erinnert werden. Dies sind Effekte, die insbesondere in der Konsumentenpsychologie relevant sind, da damit unterbewusste Prozesse im Individuum aktiviert werden, die in Kaufentscheidungen von Bedeutung sind. Auch Musik, je nach Lautstärke, Geschwindigkeit und Genre, kann über die auditive Wahrnehmung Emotionen beim Kunden auslösen und somit als Übertragungseffekt fungieren (vgl. Cachero-Martínez/Vázquez-Casielles, 2017b, S. 473 ff.).

Die visuelle Wahrnehmung ist diejenige, die einem Individuum am ehesten kognitiv bewusst ist. Im Handelskontext zählen dazu u.a. die farbliche Raumgestaltung, das Design der Möbel und Waren, die Schaufenstergestaltung sowie das Aussehen und Auftreten des Verkaufspersonals. Jang und Kollegen (2018) weisen in ihrer Studie auf den visuellen Einfluss im Konsumverhalten hin. Sie postulieren, dass Individuen mit hohen *Sensation Seeking* Werten ein Geschäft primär visuell wahrnehmen und genau daraus die Bewertung entsteht, welche über das Verhalten entscheidet (vgl. da Silva/Alwi, 2006, S. 295; vgl. Cachero-Martínez/Vázquez-Casielles, 2017b, S. 476). Insgesamt führen alle Sinneswahrnehmungen dazu, dass Emotionen, ins-besondere die *Neugier*, im Konsumenten ausgelöst werden (vgl. ebd., S. 473; vgl. Jang et al., 2018, S. 210 ff., S. 221).

Aus den Ergebnissen der quantitativen Studie von Cachero-Martínez und Vázquez-Casielles (2017b) geht hervor, dass die primär emotionale Erfahrung vor allem in den Handelsbereichen Schmuck, Sport, Dekoration und Spielzeug relevant ist, wohingegen das sensorische Erlebnis vornehmlich im Mode-, Fashion-, Lifestyle-, Kosmetik- und Parfümerie-Sektor von Bedeutung ist (vgl. Cachero-Martínez/Váz-quez-Casielles, 2017b, S. 480). Emotionen haben damit einen signifikanten ($p < .05$)

positiven Einfluss auf die verhaltensbezogene Zufriedenheit (vgl. Cachero-Martínez/Vázquez-Casielles, 2017a, S. 546 f.; vgl. da Silva/Alwi, 2006, S. 298).

Anzumerken ist dabei, dass Konsumenten vermehrt aus Freizeitinteresse einkaufen und den Anspruch dabei erheben, Spaß zu haben und Neues zu erleben (vgl. Cachero-Martínez/Vázquez-Casielles, 2017b, S. 480 f.). Demnach können die emotionale und die sensorische Erfahrung grundsätzlich unterschieden werden. Insgesamt muss aber davon ausgegangen werden, dass beide Komponenten unterbewusst wahrgenommen und im Zuge der Informationsverarbeitung automatisch miteinander kombiniert werden. Die entstandene *Neugier* motiviert den Konsumenten dazu, Produkte zu testen, über seine *Erlebnisse* nachzudenken und mit Anwesenden darüber zu kommunizieren. Demzufolge resultieren für Händler positive Effekte aus der hervorgerufenen *Neugier* (vgl. ebd., S. 477). Eine weitere Studie der Au-toren zeigt zudem eine signifikant mittlere positive Korrelation zwischen den Variablen *emotionale Erfahrung* und *Bindung* (im Sinne von Engagement) mit $r = .346$ und $p < .001$. Daraus ergibt sich, dass mit zunehmender emotionalen Wahrnehmung eines Stores auch die Verbindlichkeit, Treue sowie die Bindung an ein Unter-nehmen steigt (vgl. Cachero-Martínez/Vázquez-Casielles, 2018, S. 11).[2]

Jeong und Kollegen (2009) stellen ebenfalls dar, dass die Kaufentscheidung und die Bewertung im Konsumentenverhalten durch den Erlebniswert bestimmt werden. Auch sie benennen als entscheidende Faktoren die Variablen *Sensorik*, *Emotion* und *kognitive Stimulation*, welche die *Neugier* bedingen und auch befriedigen. Die Ergebnisse ihrer Studie zeigen eine längere Verweildauer der Konsumenten in einem Geschäft sowie eine gestiegene Beschäftigungszeit mit der jeweiligen Marke, durch die im Konsumenten ausgelöste *Neugier* (vgl. Jeong/Fiore/Niehm/Lorenz, 2009, S. 106 f.; vgl. da Silva/Alwi, 2006, S. 298).

2.2.1.2 Folgewirkungen der Neugier und Weiterempfehlung auf das soziale Umfeld sowie das Kaufverhalten

Neugier, die zu einer Weiterempfehlung bzw. dem Berichten über das emotionsauslösende Objekt im sozialem Umfeld führt, löst im Empfänger wiederum eine *Neugier* aus. Insbesondere im sozialen Umfeld verursacht die Weitergabe von

2 Korrelationskoeffizienten können Werte zwischen -1 und 1 annehmen. Nach Cohen (1988) sind Werte zwischen -1 und -.50 als stark negative und Werte zwischen -.50 bis -.30 als negative Zusammenhänge zu bewerten. *r*-Werte zwischen -.30 bis .30 stellen keinen Zusammenhang dar, während Korrelationswerte zwischen .30 bis .50 einen positiven und Werte ab .50 als stark positive Zusammenhänge bewertet werden (vgl. Cohen, 1988, S. 82).

Erlebnissen eine erhöhte *Neugier*. Im Anschluss daran entsteht eine signifikant höhere Wahrscheinlichkeit der Beschäftigung mit dem emotionsauslösenden Objekt bzw. mit dem Sachverhalt. Die Gruppenzugehörigkeit beeinflusst somit das Verhalten Anderer und wird insbesondere durch die beschriebene wahrgenommene Emotion *Neugier* beeinflusst (vgl. Thomas/Vinuales, 2017, S. 885, S. 890).

Gerüchte – im Sinne von Meldungen – und Vorankündigungen von Produkten oder Marken wirken ähnlich, denn auch sie können *Neugier* im Rezipienten auslösen. Wie zuvor in Kap. 2.2.1.1 erwähnt, bewirkt die kognitive Unwissenheit über ein scheinbar reizvolles, begehrliches Objekt eine affektive Reaktion beim Rezipienten. Sowohl die Unsicherheit als auch Gerüchte über Produkte wirken sich positiv auf Marken aus, wenn bei den Konsumenten eine *Neugier* entsteht und sie ihre Aufmerksamkeit deshalb temporär auf eine Marke richten. Sääksjärvi und Kollegen (2017) wiesen nach, dass diese Effekte insbesondere dann verstärkt wirken, wenn es Gerüchte um neue und innovative Produkte sind. Gleichzeitig konnten sie einen signifikant positiven Zusammenhang zwischen der *Neugier* durch Gerüchte um ein neues Produkt einer bekannten Marke und der *Kaufabsicht* feststellen. Das heißt, mit zunehmend ausgelöster *Neugier* in Folge eines Gerüchts steigt auch die *Kaufabsicht* für dieses Produkt (vgl. Sääksjärvi/Gill/Hultink, 2017, S. 350 f., S. 353). Negative Gerüchte führen hingegen zu einem verringerten Interesse und folglich zu einer reduzierten Kaufintention (vgl. ebd., S. 352). Auch die vollständige Unwissenheit über ein Produkt kann zwar die *Neugier* steigern, nicht aber die *Kaufabsicht*. Damit eine tatsächliche *Kaufabsicht* als Folge einer ausgelösten *Neugier* resultiert, muss dem Konsumenten daher ein bestimmtes Maß an Information vorliegen (vgl. Hill/Fombelle/Sirianni, 2016, S. 1028).

2.2.2 Guerilla-Marketing als innovative Unternehmensmaßnahme

Aus den Erkenntnissen des zuvor behandelten Teilkapitels wird die Bedeutung des Marketings im Konsumentenverhalten deutlich. Neben der Ansprache sensorischer Reize, muss die *Neugier* im potentiellen Konsumenten ausgelöst werden, damit eine Marke besser wahrgenommen wird und gewünschte Verhaltensweisen folgen. Das Guerilla-Marketing bedient sich dieser Mechanismen als bewusst eingesetztes strategisches Mittel, das im Sinne des Ambient-Marketings räumlich bevorzugt an den Aufenthaltsorten der Zielgruppe platziert wird (vgl. Hutter/Hoffmann, 2014, S. 98; vgl. Hutter/Hoffmann, 2013, S. 23).

Als Guerilla-Marketing wird eine Bündelung innovativer Werbetechniken verstanden, die trotz eines geringen monetären Aufwands zu einer hohen Aufmerksamkeit führen. Gleichzeitig wird durch die damit verbundene Kommunikation eine erhöhte Reichweite in der Zielgruppe bewirkt. Levinson definiert Guerilla-Marketing als: „Guerilla Marketing is a body of unconventional ways of pursuing conventional goals. It is a proven method of achieving profits with minimum money." (Levinson zitiert in: Schulte, 2007, S. 16). Eine Intention dieses Tools besteht in der Weitergabe von Informationen, die damit die Bekanntmachung von einer und die Überzeugung für eine Marke fördern. Um diese Absicht effektiv zu erreichen, sind die Überraschung des Publikums und das Hervorrufen von Emotionen, die entscheidenden Aufgaben. Guerilla-Marketing Maßnahmen müssen daher unerwartet auftreten, damit das *Arousal* und das situative *Sensation Seeking* im Beobachter steigen (vgl. Hutter/Hoffmann, 2011, S. 39 f.; vgl. Schulte, 2007, S. 16, S. 28 ff.; vgl. McNaughton, 2008, S. 303).

McNaughtin (2008) betont, dass Guerilla-Marketing auch deshalb erfolgreich funktioniert, weil Konsumenten diese unkonventionelle und nicht erwartete Maßnahme eines Unternehmens nicht mit direkter Werbung assoziieren. Der inserierte Effekt findet primär unterbewusst statt. Das heißt, durch die Überraschung dieser besonderen Attraktion, entsteht ein Erlebnisgefühl. Der Konsument wird darauf zufällig über seine Sinne aufmerksam und bewertet diese Aktion im Anschluss positiv (vgl. ebd., S. 303, S. 305; vgl. Hutter/Hoffmann, 2011, S. 41; vgl. Hutter/Hoffmann, 2014, S. 94 f.).

Die Überraschung der Rezipienten ist dementsprechend eines der Kennzeichen des Guerilla-Marketings. Sie wird tituliert als Emotion, die durch eine Abweichung zwischen der Erwartung und der Wahrnehmung hinsichtlich eines Einstellungsobjektes erzeugt wird. Außerdem besteht ein Zusammenhang mit dem *Sensation Seeking* und dem verbundenen Wunsch, medial darüber zu berichten (vgl. Chang, 2017, S. 699). Chang (2017) akzentuiert dabei, dass insbesondere Individuen mit einem hohen *Sensation Seeking* Persönlichkeitswert eher via Medien berichten, denn dadurch entsteht in ihnen ein erhöhtes *Arousal*. Insbesondere die Kenntnis von einer Marke ist dabei die Voraussetzung für diese Prozesse, denn dadurch ist bereits eine Erwartung im Individuum vorhanden. Folglich entsteht die Überrasch-ung insbesondere durch ein nicht angenommenes zeitlich limitiertes Event oder ein Stimulus-Material, welches an einem ungewöhnlichen Ort dargeboten wird. Mittels der Überraschung wird die Aufmerksamkeit des Konsumenten gesteigert und seine Erwartungshaltung wird erhöht (vgl. ebd., S. 689; vgl. Bigat, 2012, S. 1023 f.; vgl. Hutter/Hoffmann, 2011, S. 42 f.).

Auch der Kosteneffekt ist eine Absicht aus einer Guerilla-Maßnahme. Dies bedeutet für das Unternehmen, dass keine bzw. geringe monetäre Bezuschussungen entstehen, weil die Kommunikation des Konsumenten über das Erlebte an die Zielgruppe zunehmend intern erfolgt. Die Kosten für eine Guerilla-Aktion sind damit geringer als herkömmliche Werbemaßnahmen in Medien (vgl. ebd., S. 45 f.). Genau aus dem Aspekt des geringen Kosteneinsatzes folgt die Intention der Informationsstreuung und -weitergabe.

Guerilla-Marketing hat die Intention, dass der Konsument das Unternehmensereignis als *Erlebnis* wahrnimmt und Freunden bzw. Bekannten darüber im Anschluss berichtet; vornehmlich auch mittels *Social Media*. Genau diese persönliche Weiterempfehlung einer Marke im Sinne des *Word of Mouth* wirkt überzeugend für den Empfänger und ist damit ein wirksames Marketingmittel des viralen Guerilla-Marketing. Die Streuung der Informationen bedingt durch die *Neugier* und das *Erlebnis*, die Überraschung sowie die damit bewirkte Aufmerksamkeit hinsichtlich einer Marke steigt auf diese Weise exponentiell an (vgl. ebd., S. 44; vgl. Gökerik/ Gürbüz/Erkan/Mogaji/Sap, 2018, S. 1222, S. 1233; vgl. Langner, 2007, S. 27 ff.).

Das Guerilla-Marketing ist dementsprechend primär am Konsumenten und dessen kommunikativer Weitergabe der Informationen über ein Unternehmen ausgerichtet. Damit sind gleichzeitig Auswirkungen für das Unternehmen integriert, denn das Image einer Marke kann durch Guerilla-Marketing-Maßnahmen positiv beeinflusst werden. Entscheidend für das *Word of Mouth* sind nach Dinh und Mai (2016), dass die Guerilla-Aktion kreativ umgesetzt wird. Die Maßnahme muss für den Konsumenten als innovativ und zudem bedeutsam wahrgenommen werden. Noch entscheidender ist, dass die verwendete Maßnahme glaubwürdig und damit stimmig zum Unternehmensimage ist. Nur unter diesen Voraussetzungen folgt die beabsichtigte positive Weiterempfehlung der Guerilla-Aktion bzw. der Marke von Konsumenten an Bekannte (vgl. Dinh/Mai, 2016, S. 4; vgl. Hutter/Hoffmann, 2011, S. 44; vgl. Gö-kerik et al., 2018, S. 1222, S. 1233).

2.2.3 Aktuelle Umfrageergebnisse zur Dynamik im Einzelhandel

Die zuvor dargestellten Intentionen des Guerilla-Marketings sind relevanter denn je. Insbesondere vor der Tatsache wachsender bzw. konstant hoher Mietpreise für Einzelhandelsflächen in deutschen Innenstädten, nimmt der Anspruch der Unternehmen nach neuen Möglichkeiten zu, um die gewünschte Zielgruppe zu erreichen und ihr Interesse an einer Marke zu steigern. Die Umfrage von Lührmann (2016) und dem EHI Retail Institute (2015) veranschaulichen dazu die Einschätzung der

Relevanz unterschiedlicher Betriebskanäle und -formen im Einzelhandel. Aus den Ergebnissen von Statista (2017) geht zudem hervor, wie das Kaufverhalten von Konsumenten bezüglich des relevanten innovativen Handelsformats Pop-Up-Store ist (vgl. BulwienGesa/DZ Bank, 2018a, S. 23; vgl. BulwienGesa/DZ Bank, 2018b, S. 24; vgl. Lührmann, 2016, S. 2 ff; vgl. Statista, 2017, o.S.; vgl. EHI Retail Institute, 2015, S. 21).

So weisen die aktuellen Studien darauf hin, dass die Mieten von Einzelhandels-flächen nach wie vor steigen bzw. auf einem konstant hohen Niveau bleiben. Die Mietpreise in Köln haben sich beispielsweise von durchschnittlich 240 Euro/qm im Jahr 2014 auf 255 Euro/qm im Jahr 2018 entwickelt. Ein gleichbleibender Wert ist für das Jahr 2019 prognostiziert (vgl. BulwienGesa/DZ Bank, 2018a, S. 23). In Deutschland liegen die Höchstwerte in München. Die durchschnittliche Spitzen-miete für Einzelhandelsimmobilien wuchs dort von 325 Euro/qm im Jahr 2014 auf 345 Euro/qm im Jahr 2018. Auch hier ist ein konstant hoher Wert für das Jahr 2019 prognostiziert (vgl. BulwienGesa/DZ Bank, 2018b, S. 24).

Die Statistiken verdeutlichen die Problematik vieler Einzelhändler in Bezug auf die hohen Mietpreise für Immobilienflächen. Auch dieser Aspekt kann für Unternehmen und die damit verbundene und im Folgenden erörterte Thematik der Pop-Up-Stores von entscheidender Bedeutung sein. Verstärkt wird die Notwendigkeit vor dem Aspekt der prognostizierten Relevanz aktueller Einzelhandelsformate. Dazu wurden 3.200 Expansionsbeauftragte in Deutschland befragt, vgl. Abb. 5.

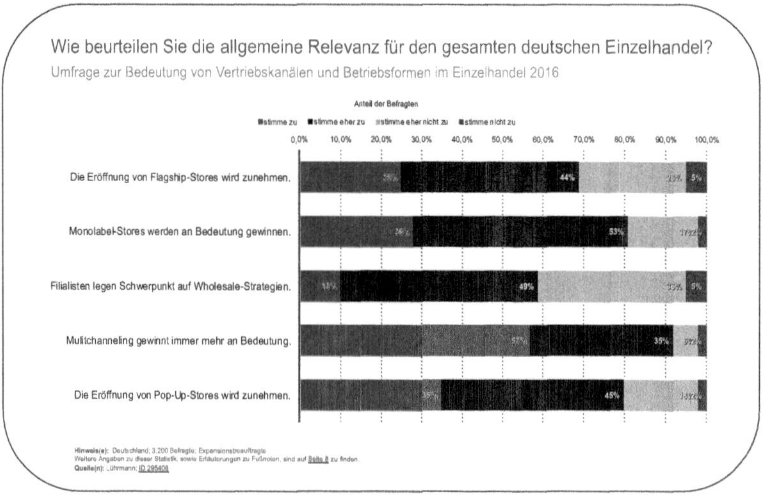

Abb. 5: Einschätzung der Relevanz unterschiedlicher Trends im deutschen Einzelhandel (Lührmann, 2016, S. 2).

Während 92 % der Befragten *Multichanneling* für zunehmend relevant halten, liegt der Anteil derer, die Monolabel-Stores für wichtig halten bei 81 %.[3] Interessant vor dem Hintergrund dieser Arbeit ist, dass 80 % der 3.200 Befragten eine zunehmende Eröffnung von Pop-Up-Stores bejahen und damit deren Bedeutung im Einzelhandel akzentuieren. Lediglich zwei Prozent der Beteiligten glauben nicht an die Zunahme von Pop-Up-Stores (vgl. Lührmann, 2016, S. 2 ff.). Auch die Umfrage des EHI (2015) zur Auswirkung von Omnichannel-Konzepten im Einzelhandel (in Deutschland, Österreich und der Schweiz) ergibt, dass 73 % der befragten Ladenbauunternehmen eine Zunahme von Pop-Up-Stores erwartet. Dass die Anzahl von Pop-Up-Stores in Folge von Omnichannel-Konzepten steigt, denken 33 % der befragten Planungsunternehmer. Geschäftsführer hingegen schätzen die Relevanz von mehr Pop-Up-Stores mit nur fünf Prozent gering ein. Kritisch anzumerken ist jedoch, dass die Anzahl der Befragten mit $N = 178$ nicht repräsentativ ist (vgl. EHI Retail Institute, 2015, S. 21).

3 Unter Omnichannel wird die Verwendung mehrerer Kanäle zur verbesserten Zielkundenerreichung verstanden. Vor allem die Anwendung computergestützter Verfahren sowie Social Media im Han-delskontext zählen zur Begrifflichkeit des Omnichannels (vgl. Kaczorowska-Spychalska, 2017, S. 95 f.).

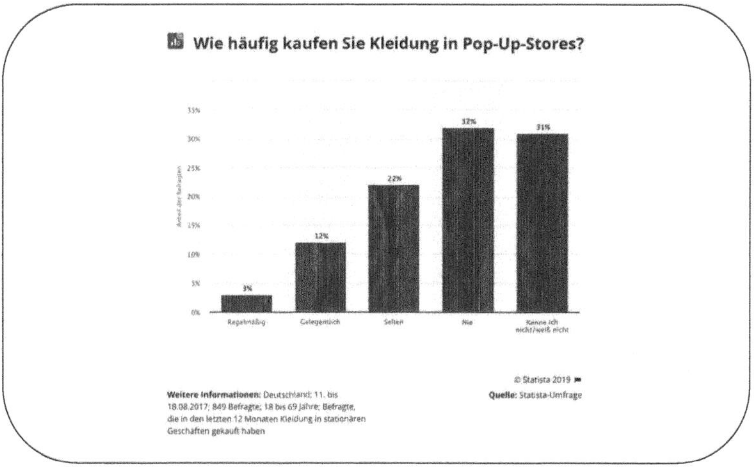

Abb. 6: Umfrage zur Häufigkeit des Kleidungskaufs in Pop-Up-Stores (Statista, 2017, o.S.).

Abbildung 6 veranschaulicht aufbauend zu den bisherigen Erörterungen weitere Erkenntnisse, die explizit auf das innovative Einzelhandelskonzept der *Pop-Up-Stores* bezogen sind. Die Befragung zum Kaufverhalten von Kleidung in einem Pop-Up-Store ergibt, dass 32 % der 848 Befragten dort noch nie eingekauft hat. 31 % der Teilnehmer kennt keine Pop-Up-Stores oder gibt an, nicht zu wissen, ob dort bereits ein eigener Kauf getätigt wurde. Drei Prozent der Käufer in Pop-Up-Stores teilen mit, dort regelmäßig etwas zu erwerben. Zwölf Prozent der Befragten geben an, gelegentlich in einem Pop-Up-Store Kleidung zu kaufen, 22 % beantworteten diese Frage mit der Option *selten* (vgl. Statista, 2017, o.S.).

Die Ergebnisse der angeführten Umfragen verdeutlichen, dass das Einzelhandelskonzept Pop-Up-Store, welches eine Guerilla-Taktik eines Unternehmens darstellt, zunehmend thematisiert wird. Die Relevanz für eine Marke und das Potential, das durch Pop-Up-Stores angestrebt wird, ist der Schwerpunkt des folgenden Teilkapitels. Die Definition, die Bedeutung und die Intention von Temporary-Stores und deren Maßnahmen zur Zielerreichung unter Verwendung zugrunde liegender Erfolgsfaktoren werden folgend explizit beschrieben.

2.3 Pop-Up-Stores – Ein innovatives Handelsformat

Der Fokus der vorliegenden Studie besteht in der Exploration der entstehenden Emotion *Neugier* und der *Weiterempfehlung* (*WoM*) im Kontakt eines Konsumenten mit einem Pop-Up-Store[4]. Die bereits in Kap. 2.2.3 erörtere Darstellung von Pop-Up-Stores als ein innovatives Handelsformat bildet die Basis für die folgenden Ausführungen. Nach einer begrifflichen Hinführung zum einheitlichen Verständnis der verwendeten Definition eines Temporary-Stores in Kap. 2.3.1 sowie den Klassifikationen und Absichten, die mit einem Pop-Up-Store angestrebt werden (vgl. 2.3.2), folgt in Kap. 2.3.3 die Einordnung von Kurzzeitläden als strategisches Marketinginstrument unter Benennung der Erfolgsfaktoren, die aus Marketingsicht angestrebt werden. Das Teilkapitel der Pop-Up-Stores als innovatives Handelsformat endet mit einem Rahmenmodell, das die zuvor thematisierten Aspekte zusammenfasst und zentriert, was bei der Planung und Implementierung eines Temporary-Stores zu berücksichtigen ist.

2.3.1 Pop-Up-Stores – Eine definitorische Hinführung

„Der Pop-Up-Store [...] umschreibt ein Standort- und Ladenkonzept, das stationäre Einkaufstätten eines Einzelhändlers oder Markenartikelherstellers an wechselnden Standorten ermöglicht. Adäquat zum Pop Up im Internet (von engl. to pop up = plötzlich auftauchen) und einer Guerilla-Taktik sind die Grundvoraussetzungen der schnelle Auf- und Abbau sowie der möglichst problemlose Transport des gesamten Ver-kaufsraumes an einen anderen Ort. So bieten Pop-Up-Stores die Möglichkeit, Produkte im Zusammenspiel mit Events oder angesagten Szenetreffs in Beziehung zu bringen, ohne dabei teure, fest installierte Ladengeschäfte an mehreren Orten gleichzeitig eröffnen zu müssen." (Ausschuss für Definitionen zu Handel und Distribution, 2006, S. 53)

Pop-Up-Stores sind damit Kurzzeitläden, in denen temporär befristet Produkte angeboten werden. Die zeitliche Komponente ist bei Pop-Up-Stores einer der entscheidenden Faktoren, denn in Abgrenzung zu Filialen oder Flagship-Stores, in denen Waren eines Anbieters dauerhaft angeboten werden, existieren Pop-Up-Stores nur wenige Stunden, Tage oder Wochen an einem bestimmen Standort. Sie sind damit mobile Werbeflächen (vgl. Pomodoro, 2013, S. 344). Gleichzeitig entsteht über diesen Mechanismus der künstlichen Verknappung ein begehrter Reiz, eine

---

[4] Synonyme für den Begriff *Pop-Up-Store* sind *Temporary-Store* oder auch *Kurzzeitladen*.

Spannung und ein erhöhtes Interesse im Sinne einer Attraktivität und *Neugier* beim Konsumenten (vgl. Hutter, 2013, 38 ff.; vgl. Niehm/Fiore/Jeong/Kim, 2007, S. 4).

Die innovative Erfahrung und der Erlebnischarakter für die Besucher sind folglich Teile der Zielsetzung, die ein Unternehmen bei der Entscheidung für einen Pop-Up-Store verfolgt (vgl. Marciniak/Budnarowska, 2009, S. 10). Warnaby und Shi (2018) nennen in diesem Zusammenhang vier Voraussetzungen bzw. Kriterien, die als Schlüsselkennzeichen für einen Pop-Up-Store fungieren. Die Autoren postulieren, dass ein Temporary-Store ein *Erlebnis* bieten muss, zeitlich begrenzt an einem Ort besteht, werbewirksam und räumlich bzw. dreidimensional ist (vgl. Warnaby/Shi, 2018, S. 5).

Dabei ist die physische Präsenz eines Pop-Up-Stores eine Kommunikationsstrategie des Unternehmens, um Konsumenten zu zeigen, wie ein Label im Marktumfeld wahrgenommen werden soll. Die Auswahl des Standortes, an dem ein Pop-Up-Store positioniert wird, ist daher entscheidend bei der Strategie (vgl. Marciniak/Budnarowska, 2009, S. 5). So wurde der erste Pop-Up-Store in Deutschland 2014 von der Marke *Comme des Garçons* in Berlin in einem Szene-Stadtteil in einem Hinterhof eröffnet (vgl. Baumgarth/Kastner, 2012, S. 35).

Damit existiert ein Konsens der Definitionen zum Begriff des Pop-Up-Stores insoweit, als das dieser ein Marketinginstrument darstellt (vgl. Gentry, 2011, S. 14). Während ein Pop-Up-Store lediglich temporär kurzfristig an einem physischen Ort existiert, können die damit verbundenen Marketingabsichten operational mit der Zielwirkung einer Steigerung des Vertriebs oder der PR sein oder sie sind strategisch mittel- bis langfristig (vgl. Baumgarth/Kastner, 2012, S. 35 f.).

2.3.2 Pop-Up-Stores – Zielausrichtungen, Merkmale und Klassifikationen

Temporary-Stores werden aus diversen Absichten im Handel eingesetzt. Primär wird eine Konsumentenaufmerksamkeit mit einer anschließenden Handlung beabsichtigt, die durch die im Kap. 2.3.2.1 dargestellten Kennzeichen verstärkt werden können. Wie zudem die Gestaltung innerhalb sowie die äußeren Merkmale eines Kurzzeitladens eine gewünschte Wahrnehmung bei Besuchern fördern, wird in Kap. 2.3.2.2 beschrieben.

2.3.2.1 Intentionen und Kennzeichen

Die Idee des ersten Pop-Up-Stores und dessen Inszenierung entstand 1999 in Tokio. Der Manager der Modemarke *Vacant* erkannte, dass das Interesse an seinen Kollektionen erheblich zunahm als er ankündigte, sein Geschäft kurzfristig zu schließen. Diesen Effekt hat er im Jahr 2000 in New York City wiederholt; mit großen Erfolg. Die Merkmale der zeitlichen Befristung und der Inszenierung einer Marke, die damit die erhöhte Aufmerksamkeit bei Konsumenten fokussieren und seine *Neugier* wecken, wurden damit zentrale Kennzeichen eines Pop-Up-Stores (vgl. Hutter, 2013, S. 38; vgl. Haas/Schmidt, 2016, S. 90).

Aus Kommunikationssicht ist die Verwendung eines Pop-Up-Stores ein primär langfristiges Marketingtool, dem ein explizit gestaltetes Konzept zu Grunde liegt; vgl. Abb. 7. Neue Marken können durch die Informationsweitergabe oder die Empfehlung von Kunden bekannt gemacht oder getestet werden (*Test-Store*), während bestehende Labels wieder Relevanz in der Kundenwahrnehmung erzielen (*Concept Brand-Store)*. Demzufolge ist ein Ziel, welches durch Pop-Up-Stores verfolgt wird, die Steigerung der Nachfrage durch die Konsumenten an neue Produkte, die in solch einer Handelsfläche angeboten werden (vgl. Marciniak/Budnarowska, 2009, S. 3).

In diesem Kontext weisen Haas und Schmidt (2016) darauf hin, dass Pop-Up-Stores in der Nachfrage der Konsumenten eher für Lifestyle und Premium Marken relevant sind. Andere Experten vertreten jedoch die Ansicht, dass Pop-Up-Stores grundsätzlich für jede Produktkategorie geeignet sind (vgl. Haas/Schmidt, 2016, S. 91; vgl. Picot-Coupey, 2014, S. 655). Wenn die vermehrte Kundenbindung und die aktive Kundenbeziehung die primär verfolgten Ziele darstellen, die mit einem Pop-Up-Store verfolgt werden, wird dieser zudem als *Community-Store* bezeichnet (vgl. Pomodoro, 2013, S. 348).[5] Folglich findet unabhängig der Kategorisierung des Pop-Up-Stores immer eine Interaktion zwischen einer Marke und den Konsumenten statt (vgl. Warnaby/Shi, 2018, S. 12, S. 76 f.; vgl. Pomodoro, 2013, S. 348).

Die Perspektive aus Kundensicht bei der Konzeptentwicklung eines zeitlich befristeten Pop-Up-Stores ist damit zentral (vgl. Picot-Coupet, 2014, S. 656). Wenn ein Konsument einen Pop-Up-Store wahrnimmt, trifft er aufgrund interner als auch externer Faktoren die schnelle und kurzfristige Entscheidung, ob er die Erfahrung mit diesem Handelsformat erleben möchte (vgl. Retief/Jacobs/Fiore, 2013, S. 1). Eine direkte Weitergabe des *Erlebnisses* bzw. der Kunden-Erfahrung mit einem

---

5 Zur Vollständigkeit der Klassifikationen von Pop-Up-Stores sei erwähnt, dass Pomodoro (2013) vor der zunehmenden Bewusstwerdung ökologischer und nachhaltiger Aspekte zudem die Begrifflichkeit *sustainable temporary-store* verwendet, wenn Unternehmen durch einen Pop-Up-Store als beson-ders umweltbewusst und fair wahrgenommen werden möchten (vgl. Pomodoro, 2013, S. 349).

Temporary-Store an Freunde und Bekannte, fungiert damit als kostenfreie PR. Leinbach-Reyhle (2014) fand heraus, dass 50 % der Labels, die einen Pop-Up-Store eröffneten bis zu 30 % höhere Social Media Aktivitäten verzeichnen konnten (vgl. Leinbach-Reyhle, 2014, o.S.; vgl. Schmitt/Mangold, 2004, S. 159 f.; vgl. Baumgarth/ Kastner, 2012, S. 36; vgl. de Lassus/Anido Freire, 2014, S. 63 ff.; vgl. Burgess, 2012, S. 285).

Gleichzeitig kann auch die Kundenloyalität eine Folge aus der persönlichen Erfahrung und Zufriedenheit mit dem Temporary-Store einer Marke darstellen, wenn das Label bzw. das Produkt entsprechend präsentiert wird. Ein entscheidendes Merk-mal ist dabei, dass Pop-Up-Stores einen inszenierten Eventcharakter aufweisen. Die Intention ist es, nicht als *normales Geschäft* wahrgenommen zu werden, sondern als etwas Besonderes. Pomodoro (2013) leitet eine Parallele zwischen einer Cocktail-Party und einem Pop-Up-Store her, bei der der Unterhaltungswert, das *Erlebnis* in Kombination mit positiven Emotionen im Vordergrund steht. Auch *Erlebnisse*, wie bei einem Festival, die durch sehr starke Emotionen geleitet sind, sollen und können mit einem Temporary-Store bei Besuchern ausgelöst werden (vgl. Pomodoro, 2013, S. 344).

Auch Picot-Coupey (2014) konnte in ihrer qualitativen Studie herausfinden, dass der inszenierende Charakter eines Pop-Up-Stores, der Eventmerkmale aufweisen sollte, entscheidend für die Wahrnehmung und Bewertung eines Konsumenten ist. Sie fokussiert in ihrer Untersuchung das Potential zur Neukundengewinnung, welches durch den Erlebnischarakter eines Temporary-Stores für eine Marke entsteht. Dies gilt insbesondere dann, wenn das Format des Pop-Up-Stores innovativ für den Besucher ist. Konsumenten empfinden einen Pop-Up-Store damit als wertstiftend (vgl. Picot-Coupey, 2014, S. 655 ff.).

Insbesondere Konsumenten, denen Innovationen und das Store-Design wichtig sind, haben eine signifikant höhere impulsive Absicht, einen Pop-Up-Store zu besuchen. Retief und Kollegen (2013) empfehlen daher, dass Temporary-Stores neue und unerwartete Gestaltungs- und Designelemente beinhalten sollten, um die maximale Aufmerksamkeit der Konsumenten zu erlangen. Auch Musik sowie eine Aktivierung der Besucher (beispielsweise durch die Möglichkeit der Produkttestung) steigern deren Interesse an einem Pop-Up-Store (vgl. Retief et al., 2013, S. 2 f.).

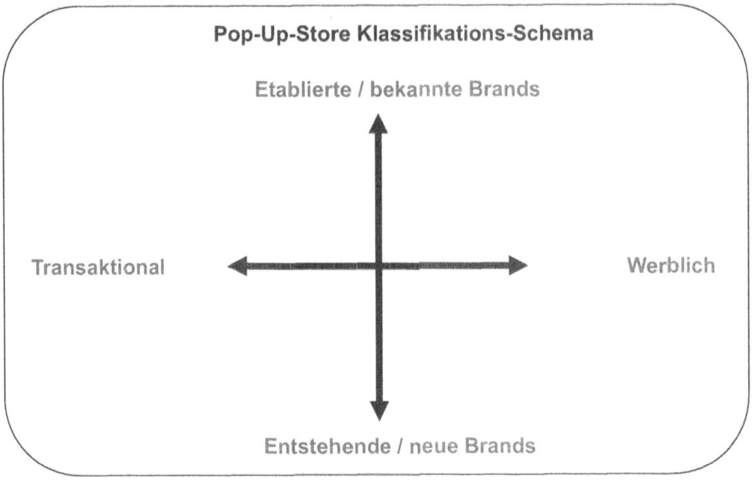

Abb. 7: Pop-Up-Store Klassifikations-Schema (eigene Darstellung in Anlehnung an Warnaby/Shi, 2018, S. 29).

Eine abgrenzende Intention zur reinen kommunikations- und werbewirksamen Vermarktung eines Labels, die mit der Verwendung eines Pop-Up-Stores verfolgt wird und in der Literatur eine sekundäre Bedeutung hat, kann aus der Vertriebssicht resultieren; dies zeigt Abb. 7 ebenfalls. Durch einen Temporary-Store besteht die Chance zum kurzfristigen Abverkauf beispielsweise auch von alter oder überschüssiger Lagerware. So weist Leinbach-Reyhle (2014) an dieser Stelle auf einen Anstieg des Abverkaufs um 35 % in einem Pop-Up-Store hin, wenn dieser eine maximale Öffnungsdauer von sechs Monaten hat (vgl. Leinbach-Reyhle, 2014, o.S.). Damit bietet ein Pop-Up-Store für ein Unternehmen neben den bereits beschriebenen Intentionen auch die Chance zur operativ kurzfristigen Absatz- und Umsatzsteigerung (vgl. Baumgarth/Kastner, 2012, S. 35; vgl. Hurth/Krause, 2010, S. 39 f.).

Eine weiterführende Konsequenz ist, dass ein erfolgreicher Pop-Up-Store für ein Unternehmen einen Wettbewerbsvorteil darstellen kann. Dazu muss die Standortwahl hinsichtlich der Stadt und der lokalen Begebenheit selektiert und bewusst hinsichtlich der Faktoren Frequenz, Zielgruppe und Kaufkraft untersucht werden. Die finale Wahl des Standortes bedingt dabei entscheidend, wer mit welcher Kaufkraft den Pop-Up-Store wie wahrnimmt und wie hoch an dieser Stelle die Anzahl potentieller Zielgruppenmitglieder ist (vgl. Marciniak/Budnarowska 2009, S. 4 ff.).

2.3.2.2 Klassifikationen und Gestaltung hinsichtlich der räumlichen Struktur

Die Literatur zitiert vornehmlich zwei Formen des Pop-Up-Stores. Beiden gemeinsam ist, dass sie zeitlich befristet an einem Ort platziert sind und für die Konsumenten einen Event- oder auch experimentellen Charakter abbilden. Entweder sind Pop-Up-Stores eigens konzipierte, gebaute sowie frei stehende, bewegliche Mobilien oder sie sind Bestandteil einer feststehenden räumlich gegebenen, gemieteten oder untervermieteten Immobilie.

Frei bewegliche Pop-Up-Stores haben den Vorteil einer eigens konzipierten äußeren Gestaltung sowie einer bestandsfreien Planung hinsichtlich der Raumeinteilung, der Ausstattung und den verwendeten Materialien. Da ein mobiler Pop-Up-Store häufig zeitlich versetzt an unterschiedlichen Standorten aufgebaut wird, ist der flexible und effiziente Auf- und Abbau wichtig. Daher können u.a. auch Container oder Lastwagen als Pop-Up-Store fungieren. Andernfalls wird bei der Konzeption darauf geachtet, dass der Store ohne erhöhten Aufwand transportiert und an einem anderen Ort wieder aufgebaut werden kann (vgl. Hurth/Krause, 2010, S, 33; vgl. Warnaby/Shi, 2018, S. 6, S. 11). De Lassus und Anido Freire (2014) fanden heraus, dass mobile Pop-Up-Stores auch in unmittelbarer Nähe eines Flagship-Stores öffnen können – z.B. Guerlain oder Hermès in Paris – (vgl. de Lassus/Anido Freire, 2014, S. 61). Ibrahim und Chua (2010) weisen in diesem Zusammenhang auf das sich gegenseitig ergänzende Potential eines Pop-Up-Stores mit klassischen Filialen hin (vgl. Ibrahim/Chua, 2010, S. 124).

Die Mobilität eines Pop-Up-Stores unter dem Aspekt der zeitlichen Befristung an einem Ort gilt als modern. Es zeigt die Flexibilität einer Marke, die für den Konsumenten reizvoll ist. Gleichzeitig kann darüber hinaus auch die Attraktivität für das Handelskonzept *Pop-Up-Store* steigen, da Konsumenten sich mit der Mobilität identifizieren können. Auch von ihnen wird im privaten und beruflichen Umfeld eine zunehmende Flexibilität erwartet (vgl. Pomodoro, 2013, S. 342).

Ein weiteres Merkmal eines eigens konzipierten bewegbaren Pop-Up-Stores ist, dass dieser unerwartet plötzlich an Stellen auftritt und damit eine besondere Aufmerksamkeit erzeugt. Damit steigt automatisch die *Neugier* der Passanten. Dem folgt dann die erhöhte Wahrscheinlichkeit der mündlichen *Weiterempfehlung* (vgl. Surchi, 2011, S. 261 f.).

Für einen Pop-Up-Store in Bestandsflächen ergeben sich ebenfalls Vorteile. Es ist bei feststehenden Immobilien darauf zu achten, wie die Passantenfrequenz ist. Diese Information wie auch die standortgebundene Kaufkraft sind häufig bereits im Vorfeld erhoben worden. Sie sind damit für den Betreiber eines Pop-Up-Stores zugänglich und valide nutzbar. Die Mieten innerhalb einer nicht besetzten Immobilie wie einem Shopping-Center, sind bei einer zeitlichen Befristung im Verhältnis zudem häufig günstiger als eine langfristige Flächenanmietung (vgl. Warnaby/Shi, 2018, S. 6 ff.).

Die Möglichkeiten in der Gestaltung eines Temporary-Stores, sowohl von der Fassade bis hin zum Interior, lassen mannigfaltige Variationen zu, wodurch Differenzierungsmerkmale zu Konkurrenten akzentuiert werden können. Gleichzeitig ist jedoch zu berücksichtigen, dass eine Übereinstimmung der Ladengestaltung eines Pop-Up-Stores mit dem Markenimage vorhanden sein muss. Die zumeist provisorische Innenausstattung eines Pop-Up-Stores dient in dieser Relation als spannungssteigerndes Tool (vgl. Schmitt/Mangold, 2004, S. 25 f.; vgl. EHI, 2017a, S. 10; vgl. Baumgarth/Kastner, 2012, S. 39).

Dabei sind Pop-Up-Stores nicht auf den Modebereich beschränkt, wenngleich sie dort am häufigsten eingesetzt werden (vgl. ebd., S. 38). Auch Anbieter des Lebensmitteleinzelhandels wie beispielsweise der Discounter *Aldi* sowie die Unternehmen *Nespresso*, *Metro* oder auch Automobilkonzerne wie *Mercedes-Benz* kreieren Pop-Up-Stores. Ebenfalls reine Online-Anbieter, wie die online Plattform für Interior *Westwing*, haben bereits das Konzept des Pop-Up-Stores eingesetzt (vgl. EHI, 2017a, S. 11). *Amazon* hat in diesem Zusammenhang Pop-Up-Stores explizit verwendet, damit Konsumenten Produkte sehen, anfassen und testen können. Das sonst rein Online-basierte Handelsunternehmen konnte damit gezielt in einen direkten Face-to-Face Kontakt mit potentiellen und bereits vorhandenen Kunden treten. Durch den Einsatz von Pop-Up-Stores erhofft *Amazon* Informationen von Besuchern zu erhalten, um diese für abgeleitete zukünftige Marketingstrategien nutzen zu können (vgl. Gross, 2014, o.S.).

2.3.3 Pop-Up-Store – Erfolgsfaktoren des strategischen Marketinginstruments

Kurzzeitläden sind ein Instrument, die dem Guerilla-Marketing zuzuordnen sind und in Kap. 2.3.3.1 erörtert werden. Darüber hinaus werden Temporary-Stores strategisch und folglich mit bewussten Strategien eingesetzt. Deren Erfolgsfaktoren werden in Kap. 2.3.3.2 demonstriert.

2.3.3.1 Pop-Up-Stores als Guerilla-Marketingmaßnahme

Zu den Merkmalen eines Pop-Up-Stores zählen aus Sicht des Guerilla-Marketings die Standortwahl, der Zeitfaktor in Verbindung mit Verknappung und Begrenztheit sowie die Einrichtung. Dabei ergibt sich für jedes dieser Attribute der Anspruch innovativ, ungewohnt und damit unerwartet aufzutreten. Beim Betrachter entsteht da-durch eine Faszination im Sinne einer Emotion (vgl. Hutter, 2013, S. 39; vgl. Hurth/ Krause, 2010, S. 33).

Pop-Up-Stores erfüllen die genannten Aspekte, denn sie können befristet und an bevorzugten Standorten der Zielgruppe platziert werden (vgl. ebd., S. 34). Pop-Up-Stores sind somit in Kirchen, Museen, auf Schiffen oder auch in Hotelzimmern möglich (vgl. Pomodoro. 2013, S. 345). Im *Hotel Chelsea* in Köln hat *Adidas* für ein Wochenende einen Pop-Up-Store inszeniert. Dabei wurden mehrere Zimmer mit Produkten ausgestattet, die scheinbar wahllos umherlagen. Die Zimmer sahen verwüstet aus, wodurch die Aufmerksamkeit der Besucher durch deren Irritation geweckt wurde. Diese unerwartete Gestaltung eines Hotelzimmers an einem ungewöhnlichen Ort hat Emotionen beim Publikum ausgelöst und das Bedürfnis, darüber sprechen zu wollen, wurde gesteigert (vgl. Sneakerbob, 2011, o.S.).

Die Marketingentscheidung, zu welchem Zeitpunkt ein Temporary-Store öffnet, ist ebenfalls bewusst kalkuliert. Häufig sind diese an lokale Veranstaltungen oder Messen angepasst oder an saisonale Ereignisse wie Weihnachten oder Ostern. Auch Produktinnovationen wie neue Produktlinien, die begrenzt verfügbar sind, können die zeitliche Kalkulation eines Pop-Up-Stores betreffen. Aus Guerilla-Sicht ist dabei stets entscheidend, dass der Temporary-Store zwar einen intentionalen Zusammenhang mit den erwähnten Aspekten aufweist, dabei aber zwingend unkonventionell und auffällig sein muss. Die Produkte müssen exklusiv und ausgewählt wirken – durch Hochwertigkeit oder Limitation (vgl. Pomodoro, 2013, S. 345).

Bezüglich der zeitlichen Verknappungskomponente ist zu berücksichtigen, dass ein Pop-Up-Store maximal mehrere Monate an einem Ort existieren sollte, damit Konsumenten diesen als etwas Besonderes und Einzigartiges wahrnehmen. Die größte Spannung und Attraktivität entsteht für Besucher, wenn ein Pop-Up-Store nur wenige Tage bis Wochen existiert. Durch den Mechanismus der Verknappung bewerten diejenigen Personen, die Erfahrung mit dem Temporary-Store gemacht haben, diesen in der Folge als attraktiver und exklusiver. Die Attraktion ist damit auch unter dem Aspekt der zeitlichen Limitierung höher (vgl. Taube/Warnaby,

2017, S. 391). Allerdings weist Surchi (2011) in ihrer Studie darauf hin, dass diese positiven Aspekte vermehrt dann greifen, wenn dem Konsumenten diese zeitliche Befristung bewusst ist. Dadurch ist seine Wahrnehmung geschärfter, die aus-gelösten Emotionen wie die *Neugier* sind stärker und das anschließende Verhalten im Sinne des *WoM* ist höher (vgl. Surchi, 2011, S. 267).

Durch die beschriebenen Aspekte des Guerilla-Marketings werden folglich Mechanismen im Individuum aktiviert, durch die insbesondere die *Weiterempfehlung* verstärkt wird (vgl. Hurth/Krause, 2010, S. 34). In Kap. 2.4.4 wird diese verhaltensbezogene Reaktion auf einen Pop-Up-Store erörtert.

2.3.3.2 Pop-Up-Stores als strategisches Marketinginstrument

Insgesamt werden strategische Ziele mit Pop-Up-Stores verfolgt. Da deren Auswirkung aber auch kurzfristige Effekte hat, werden zunächst allgemeine und zeitlich unmittelbare Aspekte von Temporary-Stores dargestellt. Darauf aufbauend werden die gesamten strategischen Erfolgsfaktoren für Pop-Up-Stores als Marketingmaßnahme analysiert.

Pop-Up-Stores – Erfolgsfaktoren

Damit durch einen Pop-Up-Store neben den beschriebenen Guerilla-Intentionen auch weitere Marketingziele für ein Unternehmen erreicht werden, haben Baumgarth und Kastner (2012) Erfolgsfaktoren identifiziert, die in Mikro- und Makrofaktoren unterscheidbar sind. Während die Makrofaktoren laut den Autoren für langfristige Intentionen Beachtung finden, werden bei der bewussten Auswahl der Mikrofaktoren kurzfristige und weitere Ziele verfolgt. Die vorwiegend vertretene Position der Autoren ist der Verzicht auf diese strikte Abgrenzung, daher dient sie an dieser Stelle primär der Orientierung. Der vollständige Faktorennachweis ist in Abbildung 8 dargestellt und wird folgend entsprechend der jeweiligen Relevanz unterschiedlich tief erörtert (vgl. Baumgarth/Kastner, 2012, S. 41 f.).

Abb. 8: Erfolgsfaktoren von Pop-Up-Stores (eigene Darstellung in Anlehnung an Baumgarth/Kast-ner, 2012, S. 41).

Abbildung 8 zeigt die Mikrofaktoren, die als weitere, zum Teil operative Ziele gewertet werden und die die bereits dargestellten Ausarbeitungen an dieser Stelle grafisch zusammenfassen. Warnaby und Shi (2018) weisen ebenfalls und analog zu Abbildung 8 darauf hin, dass durch einen Pop-Up-Store, neben dem Aufbau einer Interaktion zwischen einem Label und Konsumenten, auch neue Produktlinien getestet oder eingeführt werden können. An dieser Stelle erhalten Unternehmen ein direktes Feedback durch den Konsumenten und können dieses folglich nutzen – beispielsweise für die Produktentwicklung oder das Marketing (vgl. Warnaby/Shi, 2018, S. 17 ff.).

Auch die Markenpräsenz kann durch einen Pop-Up-Store kurzfristig gestärkt werden. Dieser Aspekt findet insbesondere Relevanz in Zeiten zunehmenden Wett-bewerbs. Denn durch die gezielte aber überraschend entstehende Aufmerksamkeit wird das Label eines Temporary-Stores direkt wahrgenommen und es wird im Anschluss darüber gesprochen (vgl. ebd.).

Russo Spena und Kollegen (2012) konnten aufzeigen, dass Pop-Up-Stores auch eine soziale Komponente zugeschrieben wird. Somit bestärken die Autoren die in Abb. 8 dargebotenen Mikrofaktoren *Bezugsgruppeneffekte* und *virale Kommunikation*. Durch die Möglichkeit des Aufenthalts in einem Pop-Up-Store und der direkten Kommunikationsgelegenheit mit Angestellten des Stores oder anderen Kunden, entstehen positive Gefühle beim Konsumenten. Er wird genau diese wahrgenommenen Emotionen unmittelbar mit anderen Bezugsgruppenmitgliedern oder mittels Social Media teilen.

Dieser Effekt ist am größten, wenn das wahrgenommene *Erlebnis* für den Besucher neu ist und er etwas – bis dato Unbekanntes – testen kann (vgl. Russo Spena/Caridà/Colurcio/Melia, 2012, S. 35 f.).

Um langfristige Wirkungen aus einem Pop-Up-Store zu generieren, muss das Produktangebot emotional geladen sein. Dies bedeutet, der Besuch eines Pop-Up-Stores muss einer Erlebniserfahrung gleich kommen. Dazu zählt insbesondere eine kongruente Passung zwischen einem Label und einem Pop-Up-Store. Ein sehr konservativ ausgerichtetes Unternehmen, welches einen sehr *hippen* Pop-Up-Store eröffnet, widerspricht dem Markenimage. Es könnte mithilfe dieser Maßnahme zwar eine erhöhte Aufmerksamkeit erhalten, diese Dissonanz beim Konsumenten könnte sich allerdings gleichzeitig in Verwunderung oder Irritation und somit negativ äußern (vgl. Baumgarth/Kastner, 2012, S. 38).

Niehm und Kollegen (2007) vertreten die Annahme, dass Pop-Up-Stores vornehmlich der Zielgruppe *Millennials* zuzuordnen sind. Wang und Ahmed (2007) hingegen postulieren, dass die Gesellschaft insgesamt flexibler geworden ist und Unternehmen in der Auswahl von Marketingaktivitäten auf den vertrauensvollen authentischen Markenkern achten müssen, um die Zielgruppe zu erreichen (vgl. Niehm et al., 2007, S. 6 f.; vgl. Wang/Ahmed, 2007, S. 31 f., S. 47, S. 50 f.; vgl. Frasquet/Dawson/Calderón/Fayos, 2018, o.S.). Daraus folgt die Annahme, dass die Variable *Markenfit* für den Erfolg eines Pop-Up-Stores stärker gewichtet ist als die reine Betrachtung der konkreten Zielgruppe *Generation Y*. Pop-Up-Stores müssen dementsprechend die Zielgruppe der Marke ansprechen. Darauf sollte bei der Gestaltung eines Pop-Up-Stores explizit geachtet werden (vgl. Haas/Schmidt, 2016, S. 94).

Auch das Personal muss zum Markenimage passen und entsprechend geschult sein. Es sollte ein einheitliches *Storytelling* sowie eine einheitliche Kommunikation von einer Filiale über den Web-/Social Media Auftritt des Unternehmens bis hin zum Pop-Up-Store stattfinden, damit die Bekanntheit und die Bewertung einer Marke langfristig positiv steigen. Ein Pop-Up-Store muss eine starke emotionale *Storyline* haben. Diese muss PR-wirksam inszeniert werden, damit die Aufmerksamkeit steigt und das Unternehmen als Ganzes wahrgenommen wird. Das heißt, der Pop-Up-Store wird nicht als isoliertes Glied einer Marke und damit kurzfristig assoziiert, sondern integrativ und längerfristig (vgl. Baumgarth/Kastner, 2012, S. 39 f.).

Pop-Up-Stores – Strategische Erfolgsfaktoren

In Zeiten des Überangebots bietet die Marketingentscheidung eines Unternehmens hin zu einem Temporary-Store mehrere Optionen. Einerseits sind Pop-Up-Stores häufig kostengünstiger in der Erstellung und Inbetriebnahme als dauerhafte Stores, die mitunter hohe u.a. Ladenmieten, Nebenkosten, Ausstattungs- und Personalkosten aufweisen (vgl. Marciniak/Budnarowska, 2009, S. 4). Ein Pop-Up-Store kann damit ökonomischer in der Bewirtschaftung sein als eine bestehende Filiale. Zudem besteht die Ausstattung eines Kurzzeitladens häufig aus kosteneffizienten Möbeln (vgl. Baumgarth/Kastner, 2012, S. 35).

Die Einführung eines Labels in einen neuen Markt kann eine weitere Funktion von Pop-Up-Stores als physisches Marketinginstrument sein. So hat beispielsweise der japanische Modeeinzelhändler *Uniqlo* Schiffscontainer als Pop-Up-Store in New York City aufstellen lassen, um Konsumenten darauf aufmerksam zu machen, dass *Uniqlo*`s Sortiment fortan auch in den USA angeboten wird (vgl. Gogoi, 2007, o.S.; vgl. Marciniak/Budnarowska, 2009, S. 4); zur Illustration vgl. Abb. 9.

Abb. 9: Uniqlo Pop-Up-Store in New York City (Kushner, 2019, verfügbar unter: https://hwkn.com/projects/uniqlo-cubes/).

Pop-Up-Stores sind damit ein Marketinginstrument, welches die klassischen Bewerbungsmöglichkeiten durch Print oder Bewegtbild um einen real existierenden Store erweitert. Auch Surchi (2011) fand in ihrer Studie heraus, dass werbewirksame und investigative Aspekte bei der Wahl eines Unternehmens für einen Pop-Up-Store zentral sind (vgl. Surchi, 2011, S. 265). Der Verkauf fungiert, wie bereits in Kap. 2.3.2.1 erwähnt, als sekundäres Bestreben (vgl. Pickett-Baker/Ozaki, 2008, S. 282 f., S. 293).

Potentielle Kunden werden folglich über das innovative Medium *Pop-Up-Store* auf eine Marke aufmerksam und treten mit diesem real und haptisch spürbar in Kontakt. Sie nehmen das Unternehmen damit unmittelbar wahr und erinnern sich folglich intensiver daran als bei einer klassischen Anzeige oder einem Werbespot im TV (vgl. Baumgarth/Kastner, 2012, S. 34). Dass der Besuch eines Pop-Up-Stores die Reflexion über das Erlebte anregt, konnte auch Burgess (2012) nachweisen (vgl. Burgess, 2012, S. 295).

Durch die direkte Begegnung eines Konsumenten mit einer Marke entsteht das Potential einer optimierten Einstellung bzw. Bewertung bezüglich dieses Labels. Die positive Markenwahrnehmung ist dabei für das Marketing ein entscheidendes und angestrebtes Erfolgsinstrument. Ein wertstiftendes Ziel für ein Label ist das Umdenken oder die Intensivierung befürwortender Kundengedanken hin zu einer positiven Einstellung über das Unternehmen. Um dies zu erreichen arbeiten Marketingexperten daran, die Konsumentenwahrnehmung in Bezug auf eine Marke möglichst emotional bzw. affektiv erlebbar zu machen, denn die Wahrnehmung steuert das Verhalten. Konsumenten, die positive Emotionen mit einem Unternehmen in Verbindung bringen, denken auch zustimmend über dieses. Kognitionen, also Denkstrukturen und Erwartungen an eine Marke sowie Affekte, die emotional und zumeist unterbewusst geleitet sind, beeinflussen sich folglich wechselseitig (vgl. Ajzen et al., 2007, S. 5-8).

Die Entscheidung über die Bewertung einer Marke resultiert aus der Erfahrung eines Individuums mit diesem Label/Unternehmen und den Emotionen, die im Kontakt wahrgenommen und im Anschluss mit der Marke assoziiert werden. Auch Pop-Up-Stores werden überwiegend zufällig wahrgenommen. Der beabsichtigte Besuch eines Pop-Up-Stores findet seltener statt. Daraus folgt die Annahme, dass Pop-Up-Stores zunächst aus einem *low-involvement* registriert werden und dann individuelle affektive Komponenten wie *Neugier*, Spannung, Verwunderung etc. im Individuum freisetzen (vgl. Pickett-Baker/Ozaki, 2008, S. 283; vgl. Hoyer/Stokbur-ger-Sauer, 2012, S. 167).

2.3.4 Rahmenmodell zur Planung und Implementierung eines Pop-Up-Stores

Zur Abrundung der bisherigen Erörterungen wird im Folgenden analog zu Warnaby und Shi (2018) ein Modell diskutiert, welches die notwendigen Betrachtungsweisen zum Handelskonzept *Pop-Up-Store* vervollständigt. Warnaby und Shi (2018) entwickelten dieses Rahmenmodell zur Planung, Realisation und Implementierung eines Pop-Up-Stores. Sie berücksichtigen dabei sowohl die Perspektive einer Marke (Brand) als auch die Konsumentensicht. Dies wird in Abb. 10 ersichtlich. Die Autoren erstellen damit ein Konzept, welches einem Ablaufplan ähnelt und sie akzentuieren, dass die bereits beschriebene Integration der Kundenbetrachtung einen Erfolgsfaktor für einen Temporary-Store darstellt (vgl. Warnaby/Shi, 2018, S. 75).

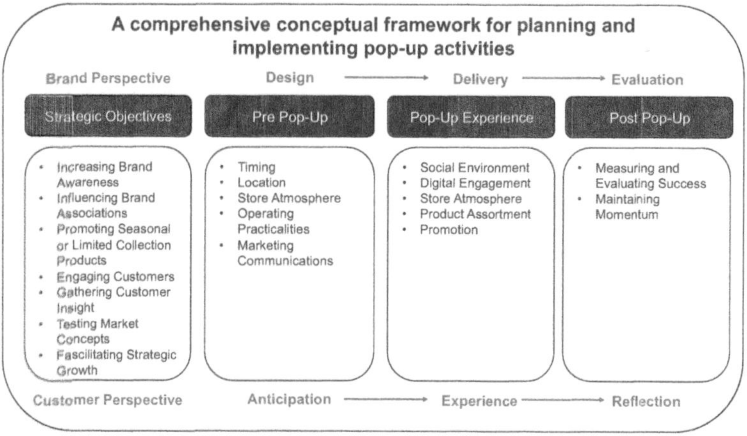

Abb. 10: Planungs- und Implementierungsrahmen für Pop-Up-Stores (eigene Darstellung in Anleh-nung an Warnaby/Shi, 2018, S. 75).

Entscheidend bei diesem Modell ist die Hervorhebung der einzelnen Planungsphasen, denn die Autoren dokumentieren zunächst mögliche strategische Interes-sen, die mit der Entscheidung für einen Pop-Up-Store verbunden sein können. Im Anschluss daran unterscheiden sie drei Phasen: die *Pre Pop-Up* Phase, in der aus der Brand Perspektive das Design des Pop-Up-Stores im Vordergrund steht, während aus Kundensicht die gewünschte und geplante Wahrnehmung und Erwartung entwickelt wird. Die zweite Phase *Pop-Up Experience* ist der Zeitraum, in dem der Temporary-Store physisch an einem Ort existiert und der Konsument Erfahrungen mit Diesem sammelt. Im Anschluss daran folgt die *Post Pop-Up* Phase.

Der Pop-Up-Store wurde abgebaut und aus Markensicht werden verschiedene Erfolgskriterien evaluiert, bewertet und überprüft, während aus Kundensicht eine Reflektion über den Pop-Up-Store erfolgt (vgl. ebd., S. 74, S. 76).

2.4 Pop-Up-Stores, Emotionen und Verhalten

Aufbauend auf den zuvor thematisierten Planungs- und Implementierungsmaßnahmen folgt in diesem Teilkapitel der Fokus auf die emotionalen und verhaltensbezogenen Erfolgsfaktoren eines Pop-Up-Stores; vgl. Kap. 2.4.1. Da die Emotion *Neugier* sowie das konkrete Verhalten in Form des *Word of Mouth* zentral für die vorliegende Arbeit sind, werden diese in Kap. 2.4.2 und 2.4.3 noch einmal mittels Studien zum Zusammenhang mit Pop-Up-Stores diskutiert. Damit wird der aktuelle Forschungsstand abgerundet und die Ableitung von Hypothesen kann in Kap. 2.5 erfolgen.

2.4.1 Affektive und verhaltensbezogene Erfolgsfaktoren von Pop-Up-Stores

Die Art und Weise der Besucher-Wahrnehmung hinsichtlich eines Pop-Up-Stores entscheidet darüber, welche emotionalen Impulse beim Anwesenden ausgelöst werden und folglich, wie dieser reagiert. Daher muss bei der Planung eines Temporary-Stores darauf geachtet werden, dass die Wahrnehmung der Konsu-menten gezielt beeinflusst wird. Beispielsweise wird bei einem zeitlich befristeten Pop-Up-Store das Gefühl der Dringlichkeit erzeugt, weil das Verhalten dann eine Reaktion in Form einer erhöhten *Kaufabsicht* auslösen kann. Die Wahrnehmung und anschließende Bewertung eines Pop-Up-Stores kann aber auch insofern beeinflusst werden, als das die Ausstattung oder auch die Aktivitäten, die in einem Store ermöglicht werden, durch Innovationen geprägt sind. Auch hieraus entsteht das erstrebenswerte Empfinden, neue Erfahrungen zu sammeln und etwas zu erleben. Auch die Wahrnehmung der vorhandenen Interaktion, also der aktive ent-spannte Austausch der Mitarbeiter eines Temporary-Stores mit deren Besuchern, wirkt positiv. Die daran anschließende Bewertung eines Pop-Up-Stores wird von einer Zustimmung geprägt sein, da zuvor positive Emotionen wie Freude beim Besucher entstanden sind (vgl. Taube/Warnaby, 2017, S. 385).

Kim und Kollegen (2010) konnten herausfinden, dass es einen signifikanten positiven Zusammenhang zwischen den Variablen *Einzigartigkeit/Neuheit* und *Bewertung* eines Pop-Up-Stores gibt ($r = .56$, $p < .001$). Sie nennen diese beiden Kriterien *psychografische Charakteristiken*, die das Verhalten bezüglich eines Pop-Up-Stores beeinflussen. Ihre Studie zeigt eine positive Korrelation, denn mit einem steigenden Neuheitsgrad des Pop-Up-Stores erfolgt eine verbesserte Bewertung (vgl. Kim/Fiore/Niehm/Jeong, 2010, S. 145). Auch Chen und Fiore (2017) fanden heraus, dass der wahrgenommene Innovationsfaktor zu einem emotionalen Verlangen führt, welches in einer positiven Bewertung resultiert (vgl. Chen/Fiore, 2017, S. 370). Bedeutsam ist gleichzeitig, dass mit einer positiven Haltung gegenüber einem Pop-Up-Store auch die Absicht, über diesen zu kommunizieren, steigt. Auch hier liegt ein positiver Zusammenhang mit einem Korrelationskoeffizienten $r = .91$ vor, der mit $p = .001$ zudem hoch signifikant ist (vgl. Kim et al., 2010, S. 145).

Durch die zeitliche Begrenzung entsteht eine Verknappung in der Wahrnehmung des Konsumenten. Dies fördert die Attraktivität eines Pop-Up-Stores. Besucher, die einen Pop-Up-Store visuell registrieren, haben das Gefühl etwas zu verpassen, wenn sie einen Temporary-Store nicht unmittelbar besuchen. Durch die Ungewissheit über die Dauer des Bestehens eines Pop-Up-Stores entsteht der Reiz, diesen zu betreten. Durch das Marketingtool der künstlichen Verknappung kann zudem ein Gefühl der Dringlichkeit beim Konsumenten ausgelöst werden. Das Individuum vermutet Produkte erwerben zu können, die ihm exklusiv angeboten werden, in keinem anderen Store erhältlich sind und somit begrenzt verfügbar sind. Dies kann dazu führen, dass Spontankäufe in einem Pop-Up-Store zunehmen (vgl. Winter, 2009, S. 22; vgl. Hutter, 2013, S. 38 f.). Ein weiterer Grund besteht auch darin, ein Produkt vor anderen erwerben zu können, da diese teilweise ausschließlich und damit exklusiv in Pop-Up-Store erhältlich sind (vgl. Marciniak/Budnarowska, 2009, S. 4 f.; vgl. Baumgarth/Kastner, 2012, S. 35, S. 40).

Die Verknappung, die durch die temporäre Befristung bedingt ist, stellt damit für den Konsumenten einen Reiz dar, der sich emotional durch die *Neugier* und der Kog-nition, etwas verpassen zu können, äußert. Darüber hinaus wird damit eine gesell-schaftliche Aktualität aufgegriffen, in der ein Überkonsum stattfindet. Daraus resul-tiert ein starkes Erlebnismotiv bei Konsumenten sowie eine hohe Erwartung an Unterhaltung, die durch die erlebte Erfahrung bedingt ist (vgl. Pomodoro, 2013, S. 342; vgl. Pick/Kenning, 2012, S. 48).

Mit der innovativen Handelsform eines Temporary-Stores wird ein Zeitgeist berücksichtigt, bei der Besucher *Erlebnisse* und Überraschungen wahrnehmen möchten. Neben der Tatsache, dass die Gesellschaft zunehmend mobiler und agiler wird, ist auch der Anspruch zur Unterhaltung beim Konsumenten gestiegen. Parallel möchten Individuen heute bewusster leben. Insbesondere deren Freizeitgestaltung soll erfüllt und wertstiftend mit positiven Emotionen besetzt sein (vgl. Pomodoro, 2013, S. 342; vgl. Surchi, 2011, S. 260). Vor allem Konsumenten mit einem innovativen Anspruch erwarten einzigartige Shopping-Erlebnisse. Demzufolge sollten Pop-Up-Stores überraschen, unterhalten und dem Besucher Freude bereiten (vgl. Kim/Fiore/Niehm/Jeong, 2008, S. 2; vgl. Taube/Warnaby, 2017, S. 388).

Auch die Inszenierung eines Pop-Up-Stores ist daher von besonderer Bedeutung (vgl. Kap. 2.3.2.2). Ausgelöste Reize können dazu führen, dass Individuen, die einen Pop-Up-Store besuchen, den Eindruck gewinnen, ein Geheimnis zu entdecken, welches vielen Personen nicht bekannt ist und damit etwas Besonderes darstellt. Die Exklusivität, begrenzte Konsumgüter wie z.B. *Limited Editions* zu erwerben, steigert das Interesse der Besucher. Gleiches wird durch Personalisie-rungen auf Produkten oder mittels Preisrabatten bewirkt. All dies sind Mechanis-men, die beim Besucher eines Pop-Up-Stores ein positives *Arousal* (= physiolo-gischer Erregungszustand) im Sinne einer Überraschung oder eines *Erlebnisses* auslösen. Genau dadurch wird er einen Temporary-Store folglich positiv bewerten (vgl. Baumgarth/Kastner, 2012, S. 35; vgl. Haas/Schmidt, 2016, S. 94).

Insbesondere im Vergleich zu herkömmlichen Einzelhandelsgeschäften wird bei der Gestaltung eines Pop-Up-Stores explizit darauf geachtet, dass Besucher emotional angesprochen werden. Zudem ist die hedonistische Motivation in Zeiten, in denen *Shopping* zunehmend eine Freizeitbeschäftigung darstellt, von besonderer Bedeutung. Kunden erwarten gegenwärtig eine zunehmend sensorisch und wertstiftende Ansprache im Einzelhandel. Genau diese Tatsache in Kombination mit der Erkenntnis, dass Konsumenten Neuem gegenüber zunehmend aufgeschlossener sind, begründen die Relevanz von Emotionen in Kombination mit einem wahrgenommenen *Erlebnis* bei einem innovativen Handelsformat wie einem Pop-Up-Store (vgl. ebd.; vgl. Russo Spena et al., 2012, S. 21).

Die Ergebnisse der gleichen Studie zeigen, dass Pop-Up-Stores im Vergleich zu herkömmlichen Einzelhandelsgeschäften einer bestimmten Marke, komfortabler und einladender wirken. Der Grund wird in der kleineren Quadratmeterzahl einer Pop-Up-Store-Fläche gesehen. Diese löst in den Befragten ein Empfinden von Sicherheit aus. Hinsichtlich des Aspektes *Atmosphäre* ergab die Studie, dass Besucher eines Pop-Up-Stores die vergleichsweise einfache und provisorisch wirkende Einrichtung als attraktiv bewerten. Die Wahrnehmung, alles anfassen und testen zu können, empfinden die Konsumenten als angenehm. Das einladende Ambiente erleben die Befragten mit Freude. Sie bewerten dies als offenherzig und informell, folglich positiv. Die *Atmosphäre* wird hingegen als *cool*, *hip* und modern beschrieben, welches in diesem Kontext von den Autoren ebenfalls als positiv gewertet wird. Die beschriebene Variable *Atmosphäre* kann damit in einen direkten Zusammenhang mit dem Konsumentenverhalten gesetzt werden (vgl. ebd., S. 25; vgl. de Lassus/Anido Freire, 2014, S. 63 f.). Auch Picot-Coupey (2014) fand heraus, dass die *Atmosphäre* in und um einen Pop-Up-Store, zentral für das Empfinden des Besuchers ist. Der Schwerpunkt ihrer Arbeit lag in der Ausarbeitung, wie Personen, die bis dato keine Berührungspunkte mit der Marke oder einem Pop-Up-Store hatten, auf diesen reagierten. Hinsichtlich der *Atmosphäre* wird akzentuiert, dass eine kreative, künstlerische, experimentelle Gestaltung förderlich ist, da dies die Wahrnehmung als *Erlebnis* fördert. Folglich sollten neben der räumlichen Ausstattung auch die Kommunikation, die auf einen Pop-Up-Store hinweist, aufregend und inspirativ sein. Dies sind Aspekte, die von den Entwicklern eines Pop-Up-Stores erkannt und bei der Gestaltung implementiert werden müssen (vgl. Picot-Coupey, 2014, S. 655 f.).

2.4.2 Pop-Up-Stores und die Emotion Neugier

Die bereits in Kap. 2.2.1 erörterten Erkenntnisse von Emotionen im Zusammenhang mit dem Konsumentenverhalten sind die Voraussetzung für die im Folgenden behandelte Relevanz der Thematik von Pop-Up-Stores und der Emotion *Neugier*. Surchi (2011) fand heraus, dass bei der Wahrnehmung eines Pop-Up-Stores automatisch die Emotion *Neugier* hervorgerufen wird. Diese versetzt den Konsumenten in eine Spannung, durch die der Besuch eines Pop-Up-Stores wahrscheinlicher wird. Allein die ausgelösten Gefühle durch den Besuch des Pop-Up-Stores führen zu einer positiven Bewertung der gesamten Marke. Hervorzuheben ist, dass diese positive Evaluation unabhängig von einem Kauf in diesem Pop-Up-Store erfolgt. Ursächlich für die Beurteilung ist ausschließlich die Wahrnehmung und Emotion (vgl. Surchi, 2011, S. 260 f., S. 265; vgl. Cachero-Martínez/Vázquez-Casielles, 2017a, S. 548).

Auch Kim und Kollegen (2010) benennen *Neugier* als eine treibende Emotion, die Individuen dazu aktiviert, neue Informationen aufzunehmen oder neue Labels bzw. Produkte kennenzulernen und auszuprobieren. Damit kann ein Pop-Up-Store zu einem positiven Shopping-Erlebnis führen. Die Freude, die der *Neugier* folgt, erzeugt ein *Arousal*, welches den Konsumenten positiv stimmt. Folglich assoziiert er nicht nur den Pop-Up-Store positiv, sondern auch die verantwortliche Marke und er wird Diese weiterempfehlen (vgl. Kim et al., 2010, S. 140 f.).

2.4.3 Pop-Up-Stores und Erlebnis

Russo Spena und Team (2012) gelangten in ihrer Untersuchung zu der Erkenntnis, dass der wertstiftende Charakter, den ein Unternehmen mittels eines Pop-Up-Stores bei Konsumenten erzeugen kann, relevant für die Beurteilung der Marke ist. Auch sie konnten nachweisen, dass die interaktive Komponente in Verbindung mit dem erlebnisstiftenden Wert zu einer positiven Bewertung eines Pop-Up-Stores und darüber hinaus der Marke führt (vgl. Russo Spena et al., 2012, S. 21).

Niehm und Kollegen (2007) fanden in ihrer Studie zudem heraus, dass Unternehmen von Konsumenten positiver wahrgenommen werden, wenn diese einen Nutzen im Kontakt erkennen und positive Emotionen dabei erleben. Eine wiederholt konsistente Face-to-Face Interaktion mit Unternehmen in Form eines *Erlebnisses* steigert dabei die Kundenloyalität (vgl. Niehm et al., 2007, S. 3). Die Studie der Autoren zeigt gleichzeitig signifikante Ergebnisse in Bezug darauf, dass die Befragten tatsächlich ein *Erlebnis* von einem Pop-Up-Store erwarten. Das über vier Items zusammengefasste Cronbach`s Alpha des Konstruktes *einzigartiges Erlebnis* hat dabei eine Homogenität mit dem Wert cron α = .80 (vgl. ebd., S. 14). Entsteht beim Besuch eines Temporary-Stores ein *Erlebnis*, so wirkt sich dies positiv auf die *Weiterempfehlung* im Sinne des *Word of Mouth* aus (vgl. Hutter, 2013, S. 38, S. 40).

2.4.4 Pop-Up-Stores und Verhalten

Wie soeben dargestellt, hat die durch einem Pop-Up-Store ausgelöste Emotion *Neugier* auch einen direkten Effekt auf das Verhalten. Daher werden zunächst aktuelle Erkenntnisse zu Pop-Up-Stores und dem *Word of Mouth* erörtert. Zudem können Temporary-Stores auch zu einer *Kaufabsicht* bzw. einem tatsächlichen Kaufverhalten führen. Die Erkenntnisse hierzu werden im Anschluss vorgestellt.

2.4.4.1 Pop-Up-Stores und das Verhalten Word of Mouth

Die persönliche Weiterempfehlung ist eines der Kommunikationsziele des Marketings beim Einsatz eines Pop-Up-Store. Dabei entspricht die Mund-zu-Mund-Propaganda einer kostenlosen PR. Positive Emotionen in der Wahrnehmung eines Pop-Up-Store Besuchers sind damit bedeutsam für die daraus folgende Bewertung (vgl. Niehm et al., 2007, S. 5; vgl. EHI, 2017a, S. 12).

Klein und Kollegen (2016) postulieren in diesem Zusammenhang, dass die Stimulation zur Weiterempfehlung (*WoM = Word of Mouth*) eines Temporary-Stores einen multiplikativen Verbreitungscharakter für eine Marke erreichen kann (vgl. Klein/Falk/ Esch/Gloukhovtsev, 2016, S. 5761). Auch Taube und Warnaby (2017) betonen diesen Aspekt der Weitergabe eines Pop-Up-Store Eindrucks an *Peers* (Gleichge-sinnte). Ihre Studie ergab, dass Kurzzeitläden gerne aufgesucht werden, wenn Freunde darüber gesprochen oder per Social Media davon berichtet haben (vgl. Taube/Warnaby, 2017, S. 391). Darüber hinaus weisen sie auf das damit verbundene potentielle Risiko hin, dass die Verbreitung auch an eine Personengruppe erfolgt, die nicht der Zielgruppe entspricht. Daher kann an dieser Stelle noch einmal auf die Bedeutsamkeit der bewussten Planung eines Pop-Up-Stores hinsichtlich des Standortes und der Ausstattung verwiesen werden; vgl. Kap. 2.3.2 (vgl. ebd., S. 387 f.)

Die persönliche Weiterempfehlung und die Konsumentenkommunikation über ein Produkt sind damit effektiver als die reine Verkaufsüberzeugung, die durch ausschließliche Mediensteuerung angestrebt wird (vgl. Hoyer et al., 2012, S. 170 f.). Dies gilt sowohl positiv als auch negativ. Produkte und Marken, die über persönliche Kontakte empfohlen werden, wirken glaubwürdiger und sind für ein Unternehmen gleichzeitig kostengünstiger als klassische Werbung (vgl. Marciniak/Budnarowska, 2009, S. 4).

In ihrer quantitativen Studie konnten Klein und Team (2016) Faktoren identifizieren, die das *WoM* beeinflussen. Der hedonistische Nutzen, der sich aus der intrinsischen sowie extrinsischen Motivation zusammensetzt, die Wahrnehmung des Pop-Up-Stores als einzigartig sowie die Store Atmosphäre sind die Voraussetzungen, die die *Weiterempfehlung* signifikant positiv beeinflussen. Zu beachten ist dabei, dass die Variable *Erfahrung mit der Marke* als Mediator auf den Zusammenhang von Pop-Up-Store Merkmalen mit der *Weiterempfehlung* einwirkt. Die Ergebnisse der Studie zeigen, dass die wahrgenommene *Einzigartigkeit* eines Temporary-Stores stärker auf das *WoM* einwirkt, wenn eine *Erfahrung* mit der Marke existiert.

Zudem ist dabei der Zusammenhang mit dem *Erlebnis* in einem Store am stärksten ausgeprägt. Die Korrelationswerte weisen einen stark signifikanten positiven Zusammenhang mit $r = .54$ und $p < .001$ auf. Folglich steigt das *WoM* mit einem erhöhten *Erlebnis* (vgl. Klein et al., 2016, S. 5765).

Bei Besuchern, die die Marke kennen und den Store als einzigartig wahrnehmen, besteht ein positiver Zusammenhang mit einer *Weiterempfehlung*, $r = .29$ und $p < .01$. Gleichzeitig muss kritisch erwähnt werden, dass die Korrelationen mit Werten zwischen $r = .11$ und $r = .30$ statistisch betrachtet keine bis maximal sehr schwache positive Zusammenhänge aufzeigen. Lediglich die Korrelation des Markenerlebnisses (BEX = Brand Experience) und der *Weiterempfehlung* (*WoM*) weist mit $r = .54$

einen mittleren positiven Zusammenhang auf, der mit $p < .001$ hoch signifikant ist. Das heißt, es darf eine Steigerung des *WoM* über einen Pop-Up-Store mit einem erhöhten *Erlebnis* angenommen werden (vgl. ebd.).

2.4.4.2 Pop-Up-Stores und Kaufabsicht

De Lassus und Anido Freire (2014) untersuchten in ihrer qualitativen Studie den Zusammenhang von Emotionen und Kaufmotiven bzw. Faktoren, die die Faszination von Frauen an einen Pop-Up-Store bedingen (vgl. de Lassus/Anido Freire, 2014, S. 61 f.). Sie weisen darauf hin, dass das Konsumentenverhalten aus kognitiven und affektiven Prozessen der Kundenwahrnehmung resultiert. Dementsprechend sind sowohl bewusste Wissensinhalte über eine Marke als auch affektive Komponenten aus dem Pop-Up-Store *Erlebnis* entscheidend für die Bewertung eines Labels und die *Kaufabsicht*.

Analog dazu konnte Ryu (2011) in seiner quantitativen Studie einen hoch signifikanten ($p < .001$) und stark positiven Zusammenhang ($r = .72$) zwischen der zustimmenden *Bewertung* eines Pop-Up-Stores und der abhängigen Variable *Spontankauf* feststellen. Wird ein Temporary-Stores als interessant und erlebnis-reich bewertet, dessen Besuch Spaß bereitet, erhöht dies die Kaufbereitschaft. Pop-Up-Stores haben damit das Potential, Spontankäufe zu erhöhen, auch wenn dies zumeist ein sekundäres Ziel der Entscheidungsträger ist (vgl. Ryu, 2011, S. 145).

2.5 Forschungsfrage und theoriegeleitete Hypothesen

Wie zuvor beschrieben stellen Pop-Up-Stores den zentralen Untersuchungsgegenstand der vorliegenden Arbeit dar. Aus den thematisierten theoretischen Erkenntnissen und dem aktuellen Forschungsstand lassen sich die relevanten Hypothesen ableiten, vgl. Abb. 11. Insbesondere die Erforschung des Zusammenhangs des emotionsgetriebenen Motivators *Neugier* mit Pop-Up-Stores ist dabei von Bedeutung. Da die vertieften Belege bereits ausführlich in den vorherigen Teilkapiteln erörtert wurden, erfolgt die Hypothesenhinführung verkürzt.

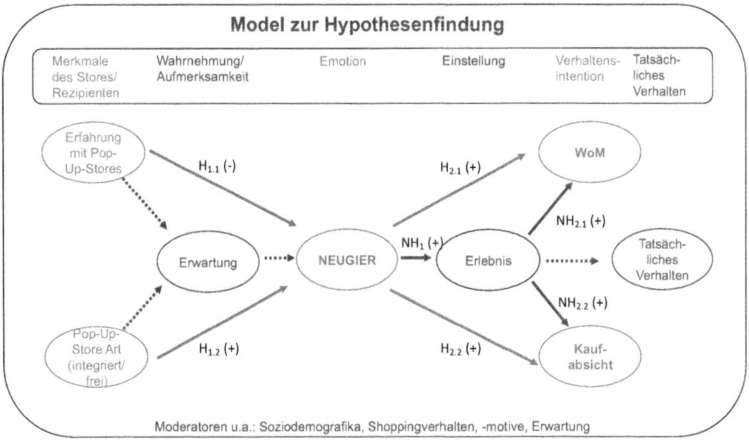

Abb. 11: Modell zur Hypothesenentwicklung (eigene Darstellung).

Die Ergebnisse von Kashdan und Roberts (2006) sowie Smith und Swinyard (1988) verdeutlichen, dass eine Produktunsicherheit sowie Unbekanntes zu einer erhöhten körperlichen Erregung und damit zu einer gesteigerten *Neugier* führt (vgl. Kash-dan/Roberts, 2006, S. 143; vgl. Smith/Swinyard, 1988, S. 3, S. 7, S. 10). Übertra-gen auf Pop-Up-Stores bedeutet dies, dass sich eine *Erfahrung mit Pop-Up-Stores* negativ und eine *Unerfahrenheit* positiv auf die *Neugier* auswirken sollte. Daraus folgt die Hypothese:

$H_{1.1}$: Personen ohne Pop-Up-Store *Erfahrung* empfinden eine höhere *Neugier* als Personen mit Pop-Up-Store Erfahrung

Als unabhängige Variable der Hypothese $H_{1.1}$ wird die *Erfahrung mit Pop-Up-Stores* erfasst. Diese ist nominal skaliert. Das Konstrukt *Neugier*, stellt die abhängige Variable dar und wird metrisch mittels einer siebenstufigen Likert Skala erhoben.

Die Begrifflichkeit *Salienz* umschreibt in der Wahrnehmungspsychologie das Phänomen, welches zu einer erhöhten Aufmerksamkeit führt. So sind saliente Objekte auffälliger und werden bewusster wahrgenommen (vgl. Stoffregen/Bardy, 2001, S. 196-200; vgl. Purschke, 2014, S. 31; vgl. Blanz, 1999, S. 2-6). Ein Pop-Up-Store, der frei stehend auf einem öffentlichen Platz positioniert wird, müsste damit eine höhere *Salienz* erreichen und damit die *Neugier* eines Betrachters mehr steigern als ein Pop-Up-Store, der in einem leer stehenden Ladengeschäft und integriert neben anderen Einzelhandelsflächen eröffnet. Ersterer ist damit im Vergleich überraschender, unerwarteter, auffälliger und salienter. Daher folgt die Hypothese:

$H_{1.2}$: Personen, die sich einen frei stehenden Pop-Up-Store vorstellen, empfinden eine höhere *Neugier* als Personen, die sich einen integrierten Pop-Up-Store vorstellen

Dabei ist die unabhängige Variable die nominal skalierte *Art des Pop-Up-Stores* mit den Ausprägungen frei stehend vs. integriert und der metrisch skalierten abhängigen Variable *Neugier*.

Während das Konstrukt *Neugier* in den ersten beiden Hypothesen als abhängige Variable erfasst wird, folgen im weiteren Verlauf Hypothesen mit dem Konstrukt *Neugier* als unabhängige Variable. Insbesondere der Bezug der *Neugier* auf die Verhaltensintentionen *Word of Mouth* und *Kaufabsicht* sind von vorrangiger Bedeutung für diese Studie. Die durch die bereits erwähnten Faktoren bedingte *Neugier* fördert den Wunsch des Pop-Up-Store Besuchers, seine Erfahrung mit der eigenen Bezugsgruppe zu teilen. Er wird folglich darüber berichten (vgl. Surchi, 2011, S. 261 f.; vgl. Russo Spena et al., 2012, S. 35 f.; vgl. Kim et al., 2010, S. 140 f.). Der Wunsch Erlebtes zu teilen und darüber zu kommunizieren bedingt demzufolge die Richtung der Hypothese:

$H_{2.1}$: Je höher die *Neugier* für einen Pop-Up-Store, desto höher ist das *WoM*

Das metrisch skalierte Konstrukt *Neugier* ist nun erstmalig die unabhängige Variable, das *Word of Mouth* ist abhängig und ebenfalls metrischen Skalenniveaus.

Die Neugier des Konsumenten wirkt sich aber auch auf die *Kaufabsicht* aus. Die positiv erlebte Spannung in Form der *Neugier* durch die beim Guerilla-Marketing bezweckte Verknappung, löst das Bestreben zu handeln aus. Das Bewusstsein, dass das *Neugier* auslösende Objekt nur begrenzt und exklusiv verfügbar ist, verstärkt damit die Kaufintention. Eine zunehmende *Neugier* wirkt sich damit positiv auf die *Kaufabsicht* aus (vgl. Sääksjärvi et al., 2017, S. 350 f., S. 353; vgl. Leinbach-Reyhle, 2014, o.S.; vgl. Winter, 2009, S. 22; vgl. Hutter, 2013, S. 38 f.). Daher lautet die Hypothese in diesem Kontext:

$H_{2.2}$: Umso mehr die *Neugier* für einen Pop-Up-Store steigt, desto mehr steigt auch die *Kaufabsicht*

Auch an dieser Stelle sind beide Variablen – die UV (= unabhängige Variable) *Neugier* und die AV (= abhängige Variable) *Kaufabsicht* – metrisch skaliert.

Unabhängige Arbeiten konnten bereits den Nachweis der positiven Korrelation zwischen den Variablen *Neugier* und *Erlebnis* aufzeigen. Auch in Bezug auf Pop-Up-Stores wurden bereits positive Zusammenhänge nachgewiesen. Die *Neugier* ist damit eine Voraussetzung für die steigende Erlebniseinstellung (vgl. Cachero-Martí-nez/Vázquez-Casielles, 2017b, S. 474, S. 482; vgl. Cachero-Martínez/Vázquez-Casielles, 2017a, S. 537, S. 539; vgl. Jang et al., 2018, S. 210). Folglich lautet die zu überprüfende Nebenhypothese:

NH_1: Umso höher die *Neugier* für einen Pop-Up-Store ist, desto höher ist das *Erlebnis*

Das Konstrukt *Neugier* ist wiederum die unabhängige Variable, das *Erlebnis* die abhängige Variable. Beide Konstrukte haben ein metrisches Skalenniveau.

Die Erkenntnisse aus den Theorieteilen verweisen auf einen positiven Zusammenhang eines wahrgenommenen *Erlebnisses* in einem Pop-Up-Store und einer *Weiterempfehlung*, z.B. via Social Media. Je eher ein Besuch in einem Pop-Up-Store als *Erlebnis* empfunden wird, desto eher werden Konsumenten Bekannten darüber berichten wollen (vgl. Klein et al., 2016, S. 5765; Hutter, 2013, S. 42; vgl. Leinbach-Reyhle, 2014, o.S.). Die theoretischen Erörterungen verweisen zudem auf ein erhöhtes *Arousal* im Individuum, damit ein *Erlebnis* wahrgenommen wird. Dieser physiologischen Erregung folgt ein Verhalten, an dieser Stelle das Bedürfnis, Bekannte darüber zu informieren (vgl. Kim et al., 2010, S. 140 f.). In Anlehnung an diese Ergebnisse folgt die Nebenhypothese:

$NH_{2.1}$: Umso höher das *Erlebnis* durch einen Pop-Up-Store ist, desto höher ist das *WoM*

Zu berücksichtigen ist, dass auch bei dieser Hypothese beide Variablen – *Erlebnis* als unabhängige Variable und *WoM* als abhängige Variable – metrisch skaliert sind.

Sobald Konsumenten ein *Erlebnis* beim Besuch eines Geschäfts verspüren, steigt deren *Kaufabsicht* und die Wahrscheinlichkeit zu einem Spontankauf. Der Erfahrung eines positiven *Erlebnisses* folgt der Wunsch des Besitzes (vgl. George/Yaoyuneyong, 2010, S. 292-295; vgl. Jeong et al., 2009, S. 106 f.). Damit einhergehend entsteht die Annahme, dass das präsentierte Objekt auch künftig eine angenehme Emotion beim Betrachter auslöst. Das Objekt, welches in einem Pop-Up-Store erworben werden kann, wird entsprechend mit einer positiven Emotion assoziiert. Die zu überprüfende Hypothese lautet daher:

$NH_{2.2}$: Umso höher das *Erlebnis* in einem Pop-Up-Store ist, desto höher ist die *Kaufabsicht*

Beide Variablen sind dabei metrisch skaliert, die unabhängige Variable ist das *Erlebnis*, die abhängige Variable die *Kaufabsicht*.

Die in Kapitel 2 gänzlich erörterten Befunde zu den theoretischen Aspekten mittels Definitionen, Darstellungen und Beschreibungen ermöglichen die Erstellung der relevanten und zu überprüfenden Hypothesen. Die Hinführung über die psychologische Wahrnehmung, gefolgt vom Einstellungserwerb bis hin zum Handeln verdeutlicht den Erlebens- und Verhaltensprozess des Individuums, vgl. Abb. 11, S. 54. Wie dieses auf Konsumgüter reagiert und welche aktuellen Tendenzen bzw. Ansprüche damit einhergehend an Einzelhändler und Marken gestellt werden, wurde in Kapitel 2.2 unter Hinzunahme gegenwärtiger Befunde erörtert. Unter Berücksichtigung der genannten Prozesse und Tendenzen folgte die schwerpunktmäßige Betrachtung der Pop-Up-Stores als ein innovatives Handelsformat. Die Aspekte des emotionsgetriebenen Motivators *Neugier* und der Verhaltensaspekte *WoM* sowie *Kaufabsicht* mit Hinzunahme der Einstellungsvariable *Erlebnis* waren dabei zentral. Somit folgt die Benennung der Hypothesen und Nebenhypothesen, die alle die Variable *Neugier* enthalten, vgl. Abb. 11, S. 54. Im nachstehenden Kapitel 3 werden dementsprechend der Fragebogen und dessen Erhebung dargelegt bevor in Kapitel 4 die Hypothesenauswertung anschließt.

3 Methodisches Vorgehen

Ausgehend von den bereits definierten Haupt- und Nebenhypothesen erfolgt in Kapitel 3 zunächst die Fragenbogenbeschreibung, dann die -durchführung und anschließend die Stichprobenbeschreibung. Unter Berücksichtigung dieser Vorgehensweise ist die Überprüfung der Hypothesen zur Beantwortung, ob diese vorübergehend angenommen oder falsifiziert werden müssen, in Kapitel 4 aus-führbar. Darüber hinaus wird mittels der Erläuterungen in diesem Kapitel auch eine Reproduktion der vorliegenden Studie für weitere Erhebungen möglich.

3.1 Erhebungsinstrument und Fragebogenaufbau

Um die *Neugier*, das *Erlebnis* und die verhaltensbezogenen Konstrukte *WoM* und *Kaufabsicht* in Bezug auf Pop-Up-Stores zu messen, wurde in der vorliegenden quantitativen Feldstudie ein Fragebogen als Design entwickelt, der anschließend über das Online-Programm *questback/unipark* erfasst wurde. Der Datenexport hin zum Statistik-Programm *SPSS* ermöglichte die Datenauswertung zur Hypothesenüberprüfung. Insgesamt liegt eine Online- anstelle von einer Paper-Pencil-Erhebung vor. Die Intention dabei ist die effiziente Erreichung möglichst vieler Teilnehmer sowie eine standardisierte Erhebung insofern, als sämtliche Teilnehmer die gleichen Voraussetzungen haben und frei über den Ort und Zeitpunkt des Aus-füllens entscheiden können. Die einzige Voraussetzung zur Teilnahme ist ein Computer, Tablet oder Mobilfunkgerät mit Internetanschluss.

Der Fragebogen hat 13 Seiten, vgl. Anhang 1, S. 98, wobei alle Items Pflichtangaben sind. Im Einleitungsteil auf Seite 1 wird der Teilnehmer begrüßt und der Dank für seine Beteiligungsbereitschaft wird offen kundgetan. Sodann wird dargestellt, dass die vorliegende Umfrage das Thema *Pop-Up-Store* behandelt und die Bewertung dazu erfasst wird. Zum Ausschluss der sozialen Erwünschtheit wird versichert, dass es keine *richtigen* oder *falschen* Antworten auf die Fragen gibt und das Interesse an der persönlichen Meinung sowie den interindividuellen Unter-schieden ausgerichtet ist. Zudem erfolgt der Hinweis zur anonymisierten Daten-auswertung, sodass keine direkten Rückschlüsse auf eine Person möglich sind. Es wird die Bitte zur spontanen, ehrlichen und vollständigen Beantwortung aller Fragen geäußert und dies auch dann, wenn eine Frage beim Teilnehmer zunächst eine Irritation hervorruft. Zudem wird die Bearbeitungszeit mit fünf bis sieben Minuten erwähnt und eine E-Mail-Adresse zur Kontaktaufnahme bei Fragen oder dem Wunsch zum Erhalt der Ergebnisse angegeben. Der Einleitungstext endet mit einem Dank und der namentlichen Nennung des Absenders der Studie sowie dem Verweis zu den Hochschulen, die das Projekt begleiten. Zur Betonung der Seriosität dieser Studie beinhaltet die Startseite die Logos der *Hochschule Fresenius* und der *AMD* (Akademie für Medien und Design).

Um den Teilnehmern den Untersuchungsgegenstand näher zu bringen und ein einheitliches Verständnis über einen *Pop-Up-Store* zu ermöglichen, folgt auf Seite 2 eine diesbezüglich selbst formulierte Definition. Die anschließenden Seiten 3 und Seite 4 entsprechen einem quasi-experimentellen Design, welches ein indirektes Priming durch Bilder darstellt. Jede Seite hat eine Überschrift, die auf die Art des Pop-Up-Stores verweist. Logos der Marken wurden so bearbeitet, dass das Label unkenntlich ist. Der Verweis über die Herkunft der Originalinternetbilder ist zur Vollständigkeit im Anhang 2 auf Seite 111 und Seite 112 dokumentiert; vgl. Abb. 25, Abb. 26 und Abb. 27. Die Auswahl der Bilder erfolgte nach den Kategorien *integrierter Pop-Up-Store in einer leer stehenden Einzelhandelsimmobilie* oder *frei stehender und eigens gebauter Pop-Up-Store eines Unternehmens inklusive Platzierung an einem freien öffentlichen sowie frequentierten Standort.*

Zunächst werden allen Befragten vier Aufnahmen von Pop-Up-Stores in einer Immobilie gezeigt (beispielsweise in einem Einkaufszentrum oder einer Einkaufsstraße), dann vier Fotos von Pop-Up-Stores auf Freiflächen, die extra für die Darstellung einer Brand konzipiert und erbaut wurden. Im direkten Anschluss muss der Teilnehmer auf Seite 5 mittels einer selbstkonstruierten Nominalskala entscheiden, welche Pop-Up-Store Art er favorisiert.

Alsdann folgen zwei Items zur individuellen Präferenz etwaiger Produktkategorien beim Einkauf sowie zur bevorzugten Geschäftsatmosphäre. Diese Items lassen jeweils Mehrfachnennungen zu. Zur Kontrolle, welche *Pop-Up-Store Art* dem Befragten besser gefällt, wird diese wiederum selbstkonstruierte Frage auf Seite 6 erneut gestellt. Somit darf im Sinne des Primings angenommen werden, dass der Teilnehmer die folgenden Fragen in Bezug auf seine bevorzugte *Pop-Up-Store Kategorie* ausfüllt.

Die anschließenden Items – bis einschließlich Seite 11 – wurden mit einer intervallskalierten 7-er Likert Skala und den geschlossenen Antwortoptionen von *lehne voll und ganz ab* bis *stimme voll und ganz zu* beantwortet. Dabei gab es keine umgepolten bzw. rekodierten Items. Insbesondere zur Erfassung der Pop-Up-Store bezogenen Konstrukte *Neugier, Erlebnis, Word of Mouth* und *Kaufabsicht* werden in Anlehnung an Ryu (2011), Klein (2016) sowie Niehm und Kollegen (2007) die bereits existierenden und validierten Skalen des übersetzten Original-Fragebogens verwendet. Bei den Konstrukten *Erwartung, Innovation, Impulskauf, Need for Hedonistic, Shopping-Bedürfnis* wurden die jeweils drei faktorstärksten Items des Originalfragebogens in übersetzter Form verwendet. Damit sind weitere Untersuchungen und Vergleiche möglich (vgl. Niehm et al., 2007, S. 14 f.; vgl. Ryu, 2011, S. 143; vgl. Klein et al., 2016, S. 5764).[6]

Da die Erfahrung mit einem Pop-Up-Store für die Auswertung von Hypothese $H_{1.1}$ notwendig ist, wird deren Erhebung auf Seite 9 per Nominal- bzw. gemischt offener Skala und den Antwortmöglichkeiten *nein* und *ja, und zwar vom Unternehmen* im Fragebogen platziert. Mit der Positionierung dieses Items wird dem Teilnehmer eine Abwechslung zum bisherigen Antwortformat geboten.

Auf der letzten Bearbeitungsseite 12 werden die soziodemografischen Angaben *Wohnort* – offene Antwortoption –, *Geschlecht* – nominal mit *männlich, weiblich, divers* – und *Geburtsjahr* – offen – erfasst.

Die Verabschiedungsseite beinhaltet einen Dank für die Teilnahme. Um für Rückfragen oder dem Wunsch zum Erhalt der Ergebnisse kontaktierbar zu sein, wurde die E-Mail-Adresse des Verfassers erneut angegeben.

3.2 Fragebogenerhebung und Untersuchungsdurchführung

Bevor die Haupterhebung starten konnte, wurde zur methodischen Genauigkeit zunächst ein Pre-Test durchgeführt. Dabei konnten Programmier- und orthogra-fische Fehler korrigiert sowie missverständliche Formulierungen angepasst bzw. optimiert werden. Einige Konstrukte werden mit sehr ähnlichen Items bzw. Formulierungen erfasst. Im Pre-Test wurde angemerkt, dass dies wie eine Doppelung eines Items wirkt. Da der Ausfüllende das erfasste Konstrukt zur Vermeidung der sozialen Erwünschtheit nicht kennt, die Fragen aber dennoch motiviert ausfüllen soll, wurde deshalb im Einleitungstext darauf verwiesen, auch Fragen auszufüllen, wenn diese zunächst *komisch* klingen. Gleichzeitig wurde auf die zweite Präsentation von Pop-Up-Store Bildern verzichtet, da dies als *übertrieben* gewertet wurde.

---

[6] Zu beachten ist, dass die Übersetzung der Fragebogenitems vom Englischen ins Deutsche Fehler aufweisen kann. Dies kann zu methodischen Verzerrungen der angeführten Faktorladungen und des Cronbach`s α führen. Für diese Studie wurde eine bereits existierende aber nicht veröffentlichte Übersetzung benutzt.

Darüber hinaus wurde die erneute Frage zur Präferenz der Pop-Up-Store Kategorie auf Seite 6 verlegt, um einen Bezug für die anschließenden Fragen herzustellen.

Die Streuung des Fragebogens erfolgte zunächst über die Direktansprache, dann per Versand des Links zur Umfrage via *WhatsApp*, E-Mail und *Xing*. Es wurden persönliche und geschäftliche Kontakte akquiriert, zudem Kurse der *Hochschule Fresenius* sowie Absolventen der genannten Hochschule und der *AMD*. Eine *Influencerin* hat den Link zum Fragebogen mit einem *Post* auf *Instagram* zusätzlich beworben.

Insgesamt liegt demnach zunächst eine nicht-zufällige Stichprobenauswahl vor. Im Anschluss wurde der Fragebogen nach dem Schneeballverfahren weitergeleitet. Somit handelt es sich insgesamt um eine Teilerhebung mit einer nicht randomisierten Personenauswahl.

4 Statistische Auswertung und Ergebnisdarstellung

Nach einer deskriptiven Analyse der soziodemografischen Daten erfolgt die hypothesenbezogene Auswertung. Dazu werden zunächst die notwendigen Reliabilitäts- und Faktorenanalysen der metrisch skalierten Variablen durchgeführt. Damit wird die jeweilige interne Konsistenz bestimmt, um eine potentielle Aggregation mehrerer Items hin zu einer übergeordneten Variable bzw. einem Konstrukt zu prüfen. Definierte Konstrukte werden zusätzlich auf eine jeweilige Normalverteilung geprüft. In Abhängigkeit der Ergebnisse werden Indizes aus mehreren Items gebildet oder einzelne Items (falls deren Cronbachs Alpha Werte zu niedrig sind) eliminiert (vgl. Nunnally, 1978, S. 244 ff.). Im Anschluss daran werden die ent-sprechend zulässigen statistischen Verfahren zur Hypothesenprüfung angewendet. Die ausgewerteten Ergebnisse werden im letzten Teil der Arbeit interpretiert und Rückbezüge zur anfänglichen Theorie hergestellt, vgl. Kap. 5.

4.1 Datenanalyse und -bereinigung

Der Erhebungszeitraum der Hauptuntersuchung erfolgte vom 24.04.2019 bis zum 10.05.2019. Alle Personen, die als Konsumenten in Frage kommen und mindestens beschränkt geschäftsfähig sind, konnten an der Umfrage teilnehmen. Die durchschnittliche Bearbeitungszeit des Online-Fragebogens beträgt sechs Minuten und zwei Sekunden. Die Anzahl vollständig ausgefüllter Fragebögen beträgt 371 Stück. Die Beendigungsquote des Fragebogens liegt bei 66 %, wobei das Gesamtsample 558 (100 %) Klicks misst und die Nettobeteiligung 451 beträgt. Dies entspricht einer Ausschöpfungsquote von 81 %. Da alle Angaben des Fragebogens Pflichtangaben waren, gibt es keine fehlenden Angaben.

Um die Daten, die mittels *questback/unipark* gewonnen wurden, auswerten zu können, wurden diese im ersten Schritt in das *IBM Statistikprogramm SPSS* exportiert. Im Anschluss wurde jedem einzelnen Item eine Variablennummer zugeordnet und diese mit einem den Inhalt entsprechenden Namen versehen. Nicht markierte Angaben eines Teilnehmers bei Items, die eine Mehrfachantwort zuließen, wurden vom Programm mit -77 oder -99 codiert. Zu jedem Item wurde das entsprechende Skalenniveau klassifiziert und zugeordnet. Die Datei wurde als *Rohdaten*-Version angelegt. Die angefertigte Arbeitsdatei wurde um Datensätze bereinigt, bei denen jedes Item mit dem gleichen Wert ausgefüllt wurde bzw. nur die Antwortkategorie *weder noch* angekreuzt wurde. Methodisch ist dies notwendig, um die Tendenz zur Mitte zu reduzieren oder auch um Datensätze zu entfernen, die ggf. unmotiviert bzw. mit einem mangelnden Verständnis für die Items beantwortet wurden.[7] Nach Bereinigung des Fragebogens liegt für die statistischen Berech-nungen eine Gesamtstichprobe von ***N = 368*** zugrunde.

4.2 Deskriptive soziodemografische Auswertung

Die Stichprobe setzt sich zu 32 % (118) aus männlichen und 68 % (250) aus weiblichen Teilnehmern zusammen. Die Option *divers* wurde nicht angegeben. Die Frage nach dem Geburtsjahr wurde offen erfragt. Tabelle 1 zeigt zur Veranschaulichung die Geburtsjahre zusammengefasst in 10-Jahres Intervallen. 76 % der Befragten (278 Personen) sind zwischen 1980 und 2009 geboren, wobei der jüngste Teilnehmer im Jahr 2002 geboren ist. 24 % der Befragten (88 Personen) sind vor dem Jahr 1980 geboren. Der älteste Teilnehmer ist im Jahr 1932 geboren.

Geburtsjahre in 10-er Intervallen	Häufigkeit	Prozent	Kumulierte Prozente
1930-1939	2	0,6	0,5
1940-1949	6	1,6	2,2
1950-1959	15	4	6,2
1960-1969	30	8,2	14,4
1970-1979	35	9,5	23,9
1980-1989	88	23,9	47,8
1990-1999	174	47,3	95,1
2000-2009	16	4,3	99,4
Keine Angabe	2	0,6	100
Gesamt	368	100	

Tab. 1: Geburtsjahre der Teilnehmer in 10-er Intervallen

Da die Teilnehmer zudem nach ihrem Wohnort befragt wurden, ist eine Einordnung nach dem dazugehörigen Bundesland möglich. 292 der 368 Teilnehmer (80 %) und damit der Großteil kommen aus Nordrhein-Westfalen, darunter 110 aus Düsseldorf und 48 aus Köln. 20 Personen (6 %) kommen aus Bayern, 13 Befragte (4 %) geben an, in Baden-Württemberg zu wohnen und zehn Teilnehmer (3 %) wohnen in Niedersachsen. Die anderen Teilnehmer verteilen sich auf die Bundesländer Rheinland-Pfalz (sieben Personen, 2 %), Hessen (sechs Personen, 2%), Hamburg und Brandenburg (jeweils vier Personen, jeweils 1 %), Schleswig-

[7] Folgende laufende Nummern wurden aussortiert, da sie ausschließlich die gleiche Antwortoption enthalten: lfd. Nr. 239 hat ausschließlich den Wert 7 angegeben, lfd. Nr. 309 hat ausschließlich mit 1 = *lehne voll und ganz ab* geantwortet, im zweiten Teil allerdings zweimal gemischt; lfd. Nr. 406 hat ausschließlich mit 4 = *weder noch* und im zweiten Teil mit 5 = *stimme eher zu* geantwortet.

Holstein (zwei Personen, 1 %) sowie Bremen und das Saarland (jeweils eine Person). Acht Befragte (2 %) wohnen im Ausland.

Zu den bevorzugten Produktkategorien der 368 Teilnehmer zählen gemäß des dazugehörigen Items, in dem Mehrfachantworten zulässig waren, Kleidung (Anzahl 320) sowie Schuhe bzw. Accessoires (Anzahl 259). Lebensmittel (Anzahl 158) und Kosmetik bzw. Parfum (Anzahl 121) sind ebenfalls beliebt. Die Kategorie Technik und Elektronik wurde am wenigsten angekreuzt (Anzahl 74), vgl. Abb. 12. Somit ist das Modeinteresse der Befragten stark ausgeprägt.

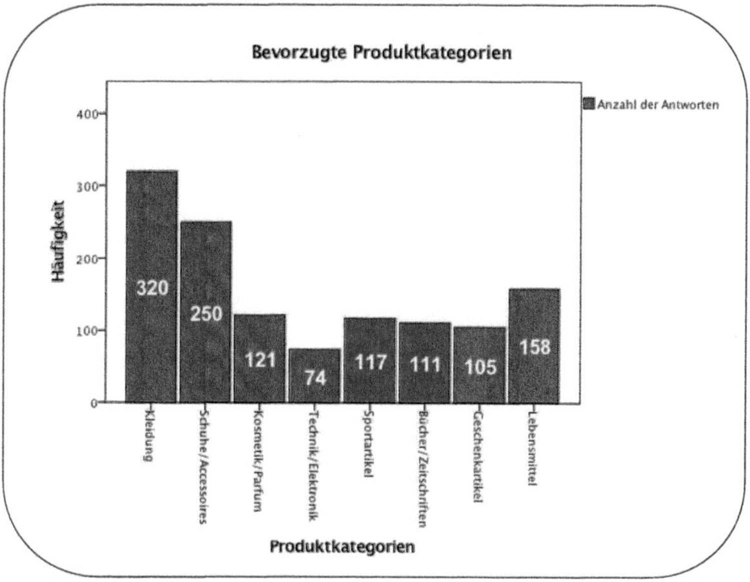

Abb. 12: Bevorzugte Produktkategorien der Teilnehmer.

4.3 Hypothesenbezogene Auswertung

Im folgenden Teilkapitel werden die Vorgehensweise und die hypothesenbezogenen statistischen Auswertungen dargestellt. Im ersten Teil werden die Ergebnisse der relevanten Variable *Neugier* als abhängige Variable analysiert, vgl. Kap. 4.3.1. Die statistische Auswertung zu den Hypothesen, in denen die *Neugier* als unabhängige Variable einen Einfluss auf die *Weiterempfehlung* und die *Kaufabsicht* hat, wird in Kap. 4.3.2 exploriert.

4.3.1 Zusammenhang der Variable Neugier und der Pop-Up-Store Merkmale

Wie bereits in Kapitel 2.5 erörtert, erfasst die erste Hypothese $H_{1.1}$ einen möglichen Zusammenhang der UV *Erfahrung mit einem Pop-Up-Store* und der AV *Neugier.* Die deskriptive Statistik der nominal skalierten Variable *Erfahrung* zeigt, dass 64 % (235 Personen) der 368 Befragten noch keinen Pop-Up-Store besucht hat, während 36 % (133 Personen) bereits eine Erfahrung mit diesem innovativen Einzelhandels-format gewonnen hat, vgl. Abb. 13.

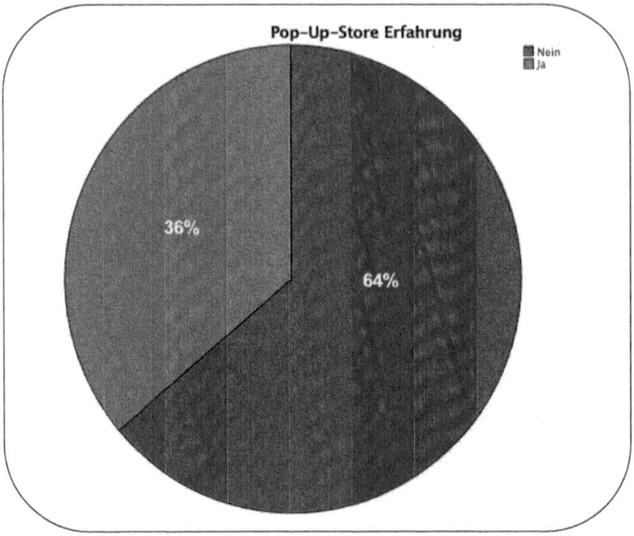

Abb. 13: Erfahrung der Teilnehmer mit Pop-Up-Stores.

Das Konstrukt *Neugier* wird mit drei Variablen erfasst. Zur Hypothesenüberprüfung wurde daher zunächst eine Reliabilitätsanalyse durchgeführt. Diese weist für jedes Item Mittelwerte zwischen $M = 4.97$ bzw. $M = 5.91$ auf, während die Standardabweichungen zwischen $SD = 1.02$ und $SD = 1.42$ liegen. Mit Cronbach`s Alpha Werten zwischen cron $\alpha = .662$ und cron $\alpha = .850$ ist eine ausreichende Homogenität der Items vorhanden. Mit einer ebenfalls ausreichenden Reliabilität von cron $\alpha = .838$ über alle drei Items ist eine Indexbildung zur Variable *Neugier_gesamt* (folgend *Neugier* bezeichnet) möglich. Des Weiteren zeigt die durchgeführte Faktorenanalyse eine durchgängige Signifikanz aller Items in der Korrelationsmatrix, da $p < .001$ ist. Damit ist die Indexbildung möglich.

Tests auf Normalverteilung						
	Kolmogorov-Smirnova			Shapiro-Wilk		
	Statistik	df	Signifikanz	Statistik	df	Signifikanz
Neugier_gesamt	0,121	368	0,000	0,934	368	0,000
a Signifikanzkorrektur nach Lilliefors						

Tab. 2: Tests auf Normalverteilung zum Konstrukt Neugier

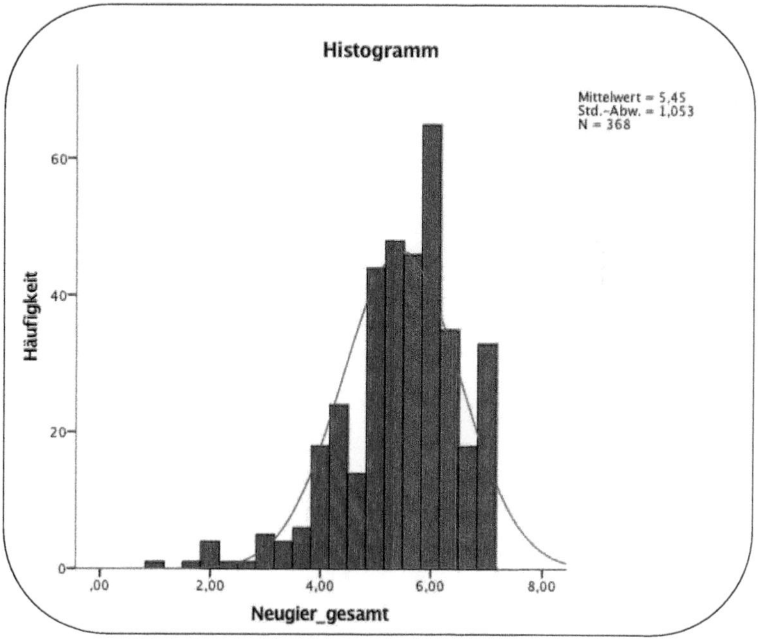

Abb. 14: Histogramm zur Prüfung auf Normalverteilung des Konstrukts Neugier.

Die anschließende Prüfung mit den beiden alternativen Tests von Kolmogorov-Smirnov und von Shapiro-Wilk auf Normalverteilung zeigt, dass mit einem Signifikanzniveau von $p < .001$ nicht davon ausgegangen werden kann, dass die Variable *Neugier* in der Grundgesamtheit normalverteilt ist, vgl. Tab. 2 und Abb. 14. Da aufgrund der nicht vorhandenen Normalverteilung kein T-Test gerechnet werden darf, wird zur Hypothesenüberprüfung der Mann-Whitney-U-Test bei unabhängigen Stichproben angewendet. Dieser zeigt mit $z = -.585$ und der asymptotischen Signifikanz $p = .558$, dass kein signifikantes Ergebnis vorliegt, vgl. Abb. 15. Die Hypothese

$H_{1.1}$: Personen ohne Pop-Up-Store *Erfahrung* empfinden eine höhere *Neugier* als Personen mit Pop-Up-Store Erfahrung

muss damit falsifiziert werden. Unabhängig der Erfahrung mit einem Pop-Up-Store ist die *Neugier* in beiden Gruppen hoch ausgeprägt, vgl. Tab. 3. Die Mittelwerte belegen dies mit M = 5.47 und SD = 1.09 für Personen, die noch keinen Pop-Up-Store besucht haben und M = 5.42 (SD = 1.00) bei Personen, die bereits Erfahrung mit einem Temporary-Store haben. Dennoch ist dabei anzumerken, dass diejenigen Befragten einen Pop-Up-Store besser bewerten, die noch keine Erfahrung haben als Teilnehmer, die einen Temporary-Store bereits besucht haben.

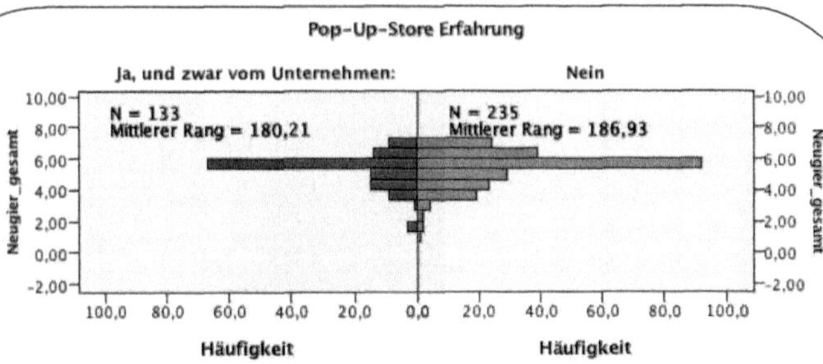

Gesamtanzahl	368
Mann-Whitney-U	15.057,500
Wilcoxon-W	23.968,500
Teststatistik	15.057,500
Standardfehler	973,692
Standardisierte Teststatistik	-,585
Asymptotische Sig. (2-seitiger Test)	,558

Abb. 15: Mann-Whitney-U-Test bei unabhängigen Stichproben zur Hypothesenüberprüfung von $H_{1.1}$.

Neugier_gesamt			
Pop-Up-Store Erfahrung	Mittelwert	N	Standardabweichung
Nein	5,4709	235	1,08669
Ja, und zwar vom Unternehmen:	5,4211	133	0,99485
Insgesamt	5,4529	368	1,05332

Tab. 3: Mittelwerte zur Hypothesenüberprüfung von $H_{1.1}$

Auch zur Überprüfung der Hypothese $H_{1.2}$ wird die aggregierte Variable *Neugier* als metrisch abhängige Variable verwendet. Die unabhängige nominalskalierte Variable ist die Präferenz der Pop-Up-Store Kategorie, die darin unterschieden wird, ob ein Kurzzeitladen frei stehend auf einem Platz oder integriert in einer Ladenzeile positioniert wird. Das Kreisdiagramm in Abbildung 16 zeigt die Bevorzugung eines frei stehenden und eigens von der Marke gebauten Pop-Up-Stores auf einem Platz mit 58 %. Demensprechend präferieren 213 Personen diese Kategorie. Im Vergleich dazu bewerten 42 % der Befragten (dies sind 155 Personen) einen integrierten Pop-Up-Store positiver als einen frei stehenden Kurzzeitladen.

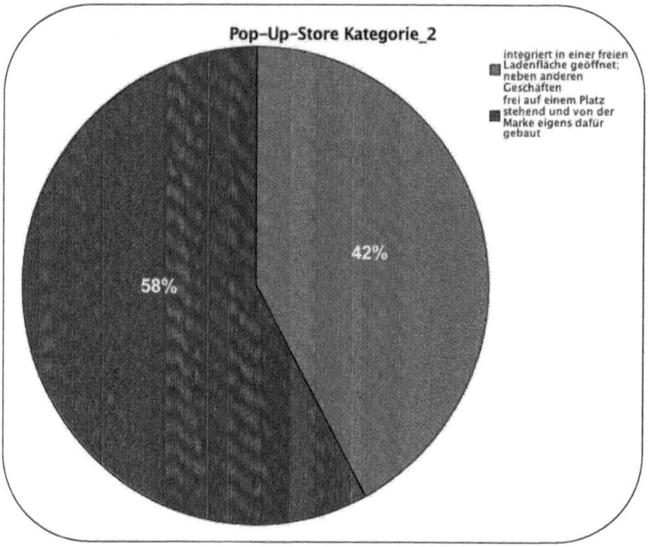

Abb. 16: Bevorzugung der Pop-Up-Store Kategorie.

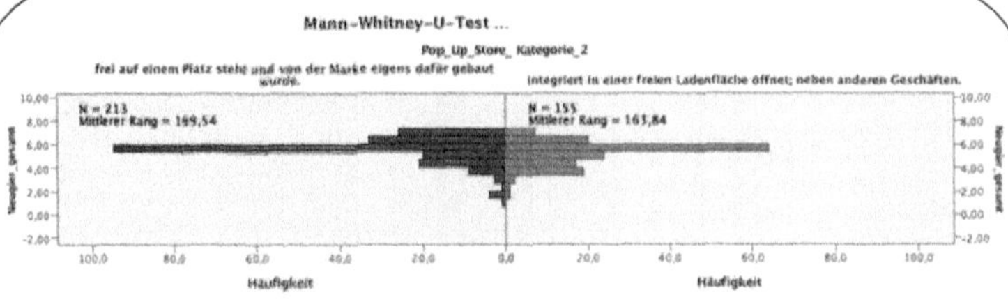

Gesamtanzahl	368
Mann-Whitney-U	19.710,000
Wilcoxon-W	42.501,000
Teststatistik	19.710,000
Standardfehler	1.000,731
Standardisierte Teststatistik	3,200
Asymptotische Sig. (2-seitiger Test)	,001

Abb. 17: Mann-Whitney-U-Test bei unabhängigen Stichproben zur Hypothesenüberprüfung von $H_{1.2}$.

Der verwendete Mann-Whitney-U-Test bei unabhängigen Stichproben ergibt mit $z = 3.200$ und einer asymptotischen Signifikanz $p = .001$, ein hoch signifikantes Ergebnis bei $N = 368$, wie in Abb. 17 ersichtlich. Das bedeutet, dass die Nullhypothese abgelehnt werden muss und die Hypothese

$H_{1.2}$: Personen, die sich einen frei stehenden Pop-Up-Store vorstellen, empfinden eine höhere *Neugier* als Personen, die sich einen integrierten Pop-Up-Store vorstellen vorübergehend angenommen werden darf. Somit ist neben der besseren Bewertung eines frei stehenden Pop-Up-Stores auch die *Neugier* bei einem frei stehenden Pop-Up-Store signifikant höher als bei einem integrierten Pop-Up-Store.

4.3.2 Zusammenhang von Neugier und der Pop-Up-Store Verhaltensintention

Der zentrale Untersuchungsgegenstand der vorliegenden Arbeit ist es, die Wirkung der *Neugier* auf das Bedürfnis, über einen Pop-Up-Store zu berichten bzw. diesen weiterzuempfehlen sowie eine daraus resultierende *Kaufabsicht*, zu überprüfen. Analog zu der bereits erörterten Vorgehensweise zur Aggregation von Items hin zu einer Gesamtvariable, wurden zu den folgenden Hypothesenüberprüfungen ebenfalls zunächst Reliabilitäts-, Faktoren- und explorative Datenanalysen der metrisch skalierten Items zur *Weiterempfehlung* (*WoM*) und zur *Kaufabsicht* durchgeführt. Im Anschluss erfolgt die jeweilige Hypothesentestung.

Die Skala zum *WoM_gesamt* (folgend *WoM* bezeichnet) weist eine knapp ausreichende Homogenität (cron α = .690) bei schwachen Inter-Item-Korrelationen der Items *WoM3* mit *WoM1* und *WoM2* auf. Der Test auf Normalverteilung nach Kologorov-Smirnov und Shapiro-Wilk der zusammengefassten Variable *WoM* ergibt jeweils eine hohe Signifikanz (p = .001). Somit liegt keine Normalverteilung vor, wenngleich das dazugehörige Histogramm in Abbildung 18 verdeutlicht, dass die Werte nah an einer Normalverteilung liegen.

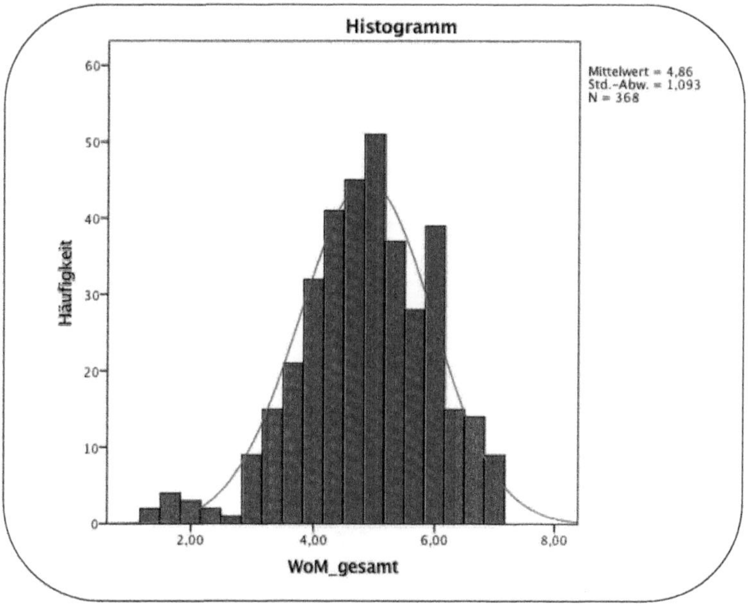

Abb. 18: Histogramm zur Normalverteilung der Variable Weiterempfehlung.

Zur Hypothesentestung von $H_{2.1}$ wurde das Verfahren der linearen Regression angewendet, da beide Variablen *Neugier* und *Weiterempfehlung* (*WoM*) metrisch skaliert sind und eine Kausalität der unabhängigen Variable auf die abhängige Variable geprüft werden soll. Die Testung zur Linearität des Zusammenhangs als Voraussetzung für die Analyse der Ergebnisse der Regressionsanalyse lässt einen positiven (nicht engen) Zusammenhang vermuten, vgl. Abb. 19. Zudem ist die Normalverteilung der Fehlerwerte annähernd gegeben, vgl. Abb. 20.

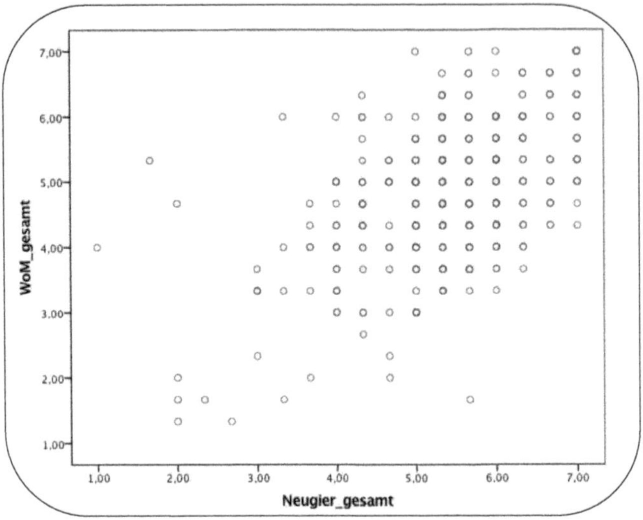

Abb. 19: Linearität des Streudiagramms zur Hypothese $H_{2.1}$.

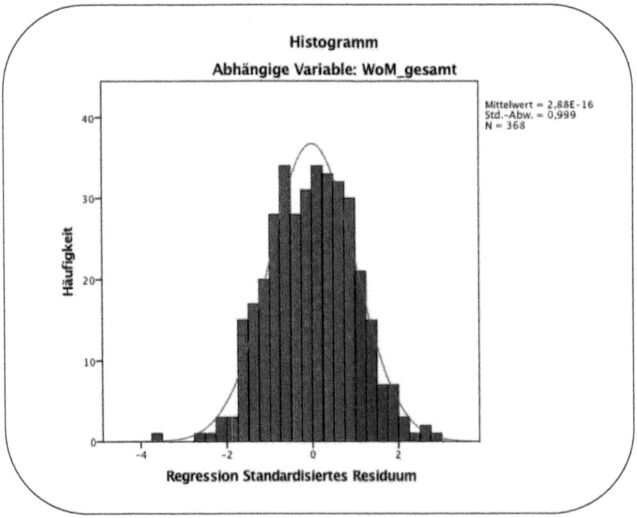

Abb. 20: Normalverteilung des Fehlerwertes zur Hypothese $H_{2.1}$.

Die durchgeführte *ANOVA* weist auf einen hoch signifikanten Zusammenhang der beiden Variablen hin, $F_{(1, 366)} = 153.25$, $p = .001$, vgl. Tab. 4. Auch die Regressionskoeffizienten beider Variablen sind mit $\beta = .54$, $t = 12.38$, $p = .001$ für *Neugier* und für die Konstante $t = 7.07$, $p = .001$ hoch signifikant, vgl. Tab. 5. Somit hat die Variable *Neugier* einen signifikanten Einfluss auf die abhängige Variable *Weiteremp-fehlung*. Steigt die Variable *Neugier* um eine Einheit, erhöht sich die *Weiterempfeh-lung* um .564 Einheiten. Die Modellzusammenfassung zeigt darüber hinaus, dass 30 % der Gesamtstreuung ($R_{korr}^2 = .30$) in der Variable *Weiterempfehlung* durch die unabhängige Variable *Neugier* erklärt werden kann, vgl. Tab. 6. Die Hypothese

$H_{2.1}$: Je höher die *Neugier* für einen Pop-Up-Store, desto höher ist das *WoM* hat sich damit vorübergehend bewährt. Mit höheren Werten in der Variable *Neugier* steigt die *Weiterempfehlung* für einen Pop-Up-Store signifikant.

ANOVAa

Modell		Quadratsumme	df	Mittel der Quadrate	F	Sig.
1	Regression	129,32	1	129,32	153,248	,000b
	Nicht standardisierte Residuen	308,853	366	0,844		
	Gesamt	438,173	367			

a Abhängige Variable: WoM_gesamt
b Einflußvariablen : (Konstante), Neugier_gesamt

Tab. 4: ANOVA zur Hypothese $H_{2.1}$

Koeffizienten a

Modell		Nicht standardisierte Koeffizienten		Standardisierte Koeffizienten	T	Sig.
		Regressionskoeffizient B	Standardfehler	Beta		
1	(Konstante)	1,787	0,253		7,07	0,000
	Neugier_gesamt	0,564	0,046	0,543	12,379	0,000

a Abhängige Variable: WoM_gesamt

Tab. 5: Signifikanz der Korrelationskoeffizienten zur Hypothese $H_{2.1}$

Modellzusammenfassung b				
Modell	R	R-Quadrat	Korrigiertes R-Quadrat	Standardfehler des Schätzers
1	,543a	0,295	0,293	0,91862
a Einflußvariablen : (Konstante), Neugier_gesamt				
b Abhängige Variable: WoM_gesamt				

Tab. 6: Modellgüte zur Hypothese $H_{2.1}$

Auch zur Hypothesenprüfung des Einflusses der unabhängigen Variable *Neugier* auf die abhängige Variable *Kaufabsicht* wurde zunächst eine Analyse der sechs Items durchgeführt, die die Variable *Kaufabsicht_gesamt* (folgend *Kaufabsicht* genannt) bilden. Die Reliabilität jedes Items sowie über alle Items weist mit cron α = .883 auf eine hohe Homogenität hin, die zudem über alle Items eine hohe Signifikanz (p = .001) in der Faktorenanalyse und der explorativen Datenanalyse für *Kaufabsicht_gesamt* ergibt. Damit liegt zwar keine exakte Normalverteilung vor, die Mittelwerte aller Items mit Werten über M = 5.07 bis M = 5.88 und Standardabweichungen zwischen SD = 1.04 und SD = 1.21 (außer bei *Kaufabsicht_5*, wo der Mittelwert abweicht, M = 3.94, SD = 1.34) weisen aber auf eine Zustimmung für eine *Kaufabsicht* durch einen Pop-Up-Store hin. Abb. 21 veranschaulicht zudem die Annäherung der abhängigen Variable *Kaufabsicht* an eine Normalverteilung.

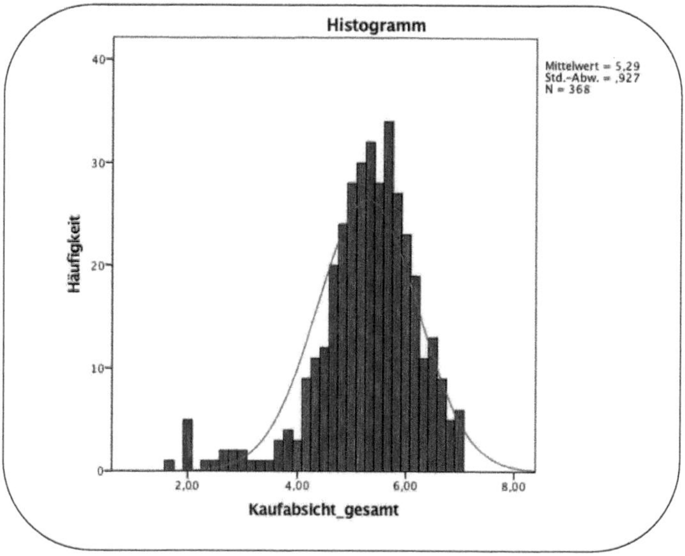

Abb. 21: Histogramm zur Normalverteilung der Variable Kaufabsicht.

Die Linearität zur Hypothesentestung mittels einer linearen Regression lässt einen positiven (nicht engen) Zusammenhang vermuten und auch die Annäherung an eine Normalverteilung ist erkennbar, vgl. Abb. 22 und Abb. 23. Die durchgeführte *ANOVA* zeigt, dass das angewendete Regressionsmodell signifikant ist, $F_{(1,\ 366)}$ = 375.42, p = .001. Beide Variablen sind gemäß der Werte der Regressionskoeffizienten mit β = .71, t = 19.38, p = .001 für *Neugier* und für die Konstante t = 10.43, p = .001 hoch signifikant. Wenn die Variable *Neugier* um eine Einheit ansteigt, erhöht sich auch der Wert der *Kaufabsicht* um .63 Einheiten. Wie die Modellzusammenfassung zeigt, können 51 % der Gesamtstreuung ($R_{korr}{}^2$ = .51) der Variable *Kaufabsicht* durch die unabhängige Variable Neugier erklärt werden, vgl. Tab. 7, Tab. 8 und Tab. 9.

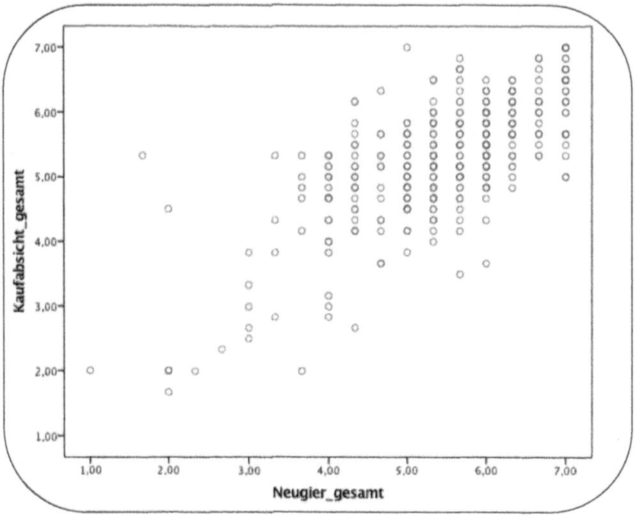

Abb. 22: Linearität des Streudiagramms zur Hypothese $H_{2.2}$.

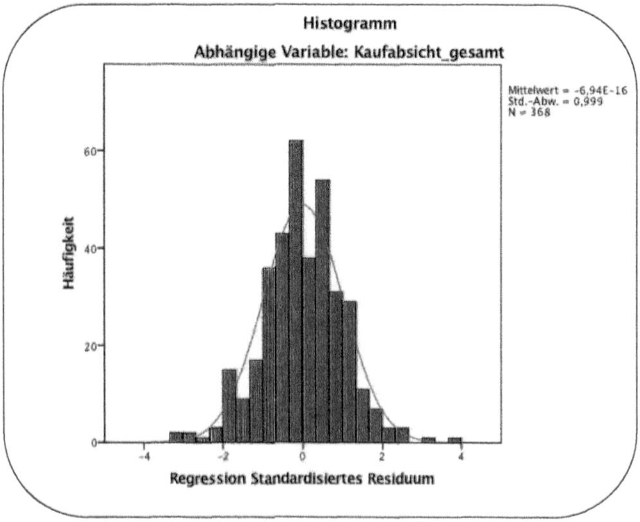

Abb. 23: Normalverteilung des Fehlerwertes zur Hypothese $H_{2.2}$.

ANOVAa Modell		Quadratsumme	df	Mittel der Quadrate	F	Sig.
1	Regression	159,666	1	159,666	375,419	,000b
	Nicht standardisierte Residuen	155,66	366	0,425		
	Gesamt	315,326	367			

a Abhängige Variable: Kaufabsicht_gesamt
b Einflußvariablen : (Konstante), Neugier_gesamt

Tab. 7: ANOVA zur Hypothese $H_{2.2}$

Koeffizienten a Modell		Nicht standardisierte Koeffizienten Regressionskoeffizient B	Standardfehler	Standardisierte Koeffizienten Beta	T	Sig.
1	(Konstante)	1,873	0,179		10,433	0,000
	Neugier_gesamt	0,626	0,032	0,712	19,376	0,000

a Abhängige Variable: Kaufabsicht_gesamt

Tab. 8: Signifikanz der Korrelationskoeffizienten zur Hypothese $H_{2.2}$

Modellzusammenfassung b Modell	R	R-Quadrat	Korrigiertes R-Quadrat	Standardfehler des Schätzers
1	,712a	0,506	0,505	0,65215

a Einflußvariablen : (Konstante), Neugier_gesamt
b Abhängige Variable: Kaufabsicht_gesamt

Tab. 9: Modellgüte zur Hypothese $H_{2.2}$

Die lineare Regression ergibt, dass die Hypothese

$H_{2.2}$: Umso mehr die *Neugier* für einen Pop-Up-Store steigt, desto mehr steigt auch die *Kaufabsicht* angenommen werden kann. Die *Neugier* für einen Pop-Up-Store hat einen signifi-kanten Einfluss auf die *Kaufabsicht*.

4.4 Auswertung der Nebenhypothesen

Neben der erfolgten Überprüfung der Haupthypothesen sind auch die Nebenhypothesen, die sich alle auf das *Erlebnis* durch einen Pop-Up-Store konzentrieren, von Relevanz. Daher wurde wie bereits für die Variablen *Neugier, Weiterempfehlung* und *Kaufabsicht* aufgezeigt, auch für die Variable *Erlebnis* zunächst eine Reliabilitätsanalyse mit den vier Items zum *Erlebnis* durchgeführt. Die Homogenität ist über alle Items mit α-Werten größer/gleich .90 und dem zusammengefassten Cronbach`s Alpha für *Erlebnis_gesamt* (folgend *Erlebnis* bezeichnet) mit cron α = .93 gegeben. Eine Indexbildung ist damit möglich, wenngleich keine Normalverteilung entsprechend der Testung nach Kolmogorov-Smirnov und Shapiro-Wilk vorliegt, da $p < .001$.

Alle drei Nebenhypothesen wurden mit dem Verfahren der linearen Regression überprüft.[8] Sämtliche Variablen haben ein intervallskaliertes Skalenniveau. In der ersten Nebenhypothese NH_1 ist die Variable *Neugier* unabhängig, das *Erlebnis* stellt die abhängige Variable dar. Die durchgeführte Berechnung zeigt, dass die Nebenhypothese

NH_1: Umso höher die *Neugier* für einen Pop-Up-Store ist, desto höher ist das *Erlebnis* angenommen werden kann. Die *Neugier* sagt signifikant das *Erlebnis* vorher, $\beta = .78$, $t = 23.48$, $p < .001$. Mit einem höheren Wert in der unabhängigen Variable *Neugier* steigt das *Erlebnis* um .66 Einheiten. Die *Neugier* erklärt zudem einen signifikanten Anteil der Varianz in den Erlebniswerten, $R_{korr}^2 = .60$, $F_{(1, 366)} = 551.50$, $p = .001$. Mit der wachsenden *Neugier* für einen Pop-Up-Store steigt auch das *Erlebnis* der Besucher.

Auch in den Nebenhypothesen $NH_{2.1}$ und $NH_{2.2}$ ist die Variable *Erlebnis* bedeutsam. Während bislang der Einfluss der Variable *Neugier* im Fokus der statistischen Auswertung lag, wird nun die Auswirkung der *Erlebnis*-Einstellung auf die Verhaltensintention *Word of Mouth* sowie *Kaufabsicht* geprüft. Daher ist das *Erlebnis* in beiden zu überprüfenden Hypothesen die unabhängige Variable, während in $NH_{2.1}$ das *WoM* die abhängige Variable und in $NH_{2.2}$ die *Kaufabsicht* die abhängige Variable darstellt.

Entsprechend der ausgeführten linearen Regression hat sich die Nebenhypothese

$NH_{2.1}$: Umso höher das *Erlebnis* durch einen Pop-Up-Store ist, desto höher ist das *WoM* vorübergehend bewährt. Dem *Erlebnis* durch einen Pop-Up-Store folgt eine

[8] Entsprechende Abbildungen und Tabellen zur Überprüfung der Nebenhypothesen sind in den Auswertungsdateien enthalten. Es wurde an dieser Stelle darauf verzichtet, diese in den Fließtext einzusetzen, da in diesem Teilkapitel ausschließlich weiterführende Nebenhypothesen ausgewertet wurden. Der Schwerpunkt der Arbeit liegt in der Auswertung der Haupthypothesen, vgl. Kap. 4.3.

signifikant höhere Weiterempfehlung, $\beta = .62$, $t = 15.30$, $p < .001$. Erhöht sich das *Erlebnis* um eine Einheit, steigt das *WoM* um .77 Einheiten. Zudem werden 39 % ($R_{korr}^2 = .39$) der Varianz der *Weiterempfehlung* durch das *Erlebnis* erklärt und dies signifikant, $F_{(1, 366)} = 233.96$, $p < .001$. Umso höher das *Erlebnis* durch einen Pop-Up-Store ist, desto höher ist auch dessen *Weiterempfehlung*.

Die lineare Regression für die Variablen *Erlebnis* und *Kaufabsicht*, die zur Überprüfung der Nebenhypothese

$NH_{2.2}$: Umso höher das *Erlebnis* in einem Pop-Up-Store ist, desto höher ist die *Kaufabsicht* angewendet wurde, zeigt, dass die Höhe der Variable *Erlebnis* einen Einfluss darauf hat, wie stark die *Kaufabsicht* ist, $F_{(1, 366)} = 750.41$, $p < .001$. Das *Erlebnis* erklärt signifikant 67 % des Varianzanteils der *Kaufabsicht* ($R_{korr}^2 = .67$). Das *Erlebnis* bedingt damit die *Kaufabsicht* signifikant, $\beta = .82$, $t = 27.39$, $p < .001$. Wenn das *Erlebnis* um eine Einheit steigt, erhöht sich der Wert der *Kaufabsicht* um .85 Einheiten. Die Nebenhypothese $NH_{2.2}$ ist damit annehmbar. Umso höher das *Erlebnis* eines Besuchers in einem Pop-Up-Store ist, desto höher ist auch dessen *Kaufabsicht*.

5 Diskussion, Reflexion und Ausblick

Auf Grundlage der zuvor überprüften Hypothesen, schließt nun die Diskussion mit den gewonnenen Erkenntnissen an. Zunächst werden in Kapitel 5.1 die Ergebnisse zu jeder einzelnen Hypothese mit einem wiederholten Einblick in die theoretischen Abhandlungen erörtert. In Kapitel 5.2 folgt die kritische Reflexion des Untersuchungsdesigns, um daraus zunächst inspirativ Handlungsempfehlungen für weitere Forschungsansätze zu validieren und anschließend in Kapitel 5.3 für die praktische Umsetzung im Einzelhandel vorzustellen. Kapitel 5.4 rundet die vor-liegende Arbeit mit einem Fazit ab.

5.1 Diskussion der Ergebnisse

Die Ergebnisse der Studie zeigen den signifikanten Einfluss des emotionsgetriebenen Motivators *Neugier* auf das Guerilla-Marketing Tool und zugleich innovative Handelsformat *Pop-Up-Store*. Während bisherige Studien vornehmlich das *Erlebnis* bzw. die *Einstellung* sowie soziodemografische Aspekte im Zusammenhang mit Pop-Up-Stores untersucht haben, liegt der Schwerpunkt dieser empirisch quantitativen Arbeit in der Betrachtung, welche Auswirkungen Emotionen, hervorgerufen durch einen Pop-Up-Store, auf die Verhaltensintention eines Individuums haben kann. Damit setzen die explorierten Haupthypothesen im Vergleich zu den Arbeiten von beispielsweise Ryu (2011), Niehm und Kollegen (2007), Klein und Team (2016) sowie Kim und Kollegen (2010) eine Stufe vorher an, vgl. Abb. 24 zur Veranschaulichung (vgl. Ryu, 2011, S. 144; vgl. Niehm et al., 2007, S. 7; vgl. Klein et al., 2016, S. 5763; vgl. Kim et al., 2010, S. 145).

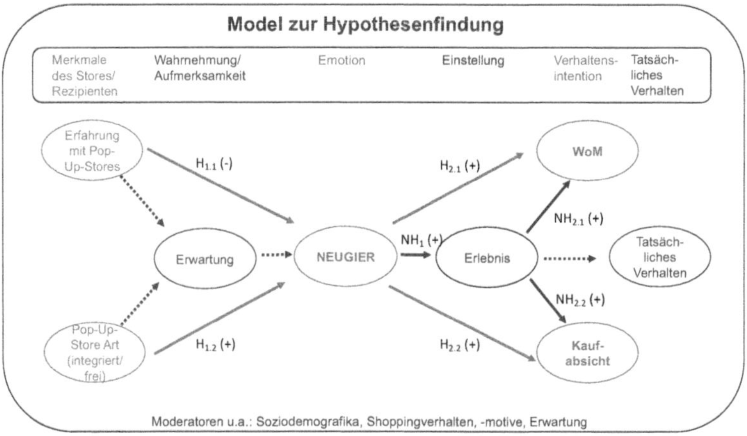

Abb. 24: Modell zur Hypothesenentwicklung (eigene Darstellung).

Die Hypothese $H_{1.1}$, die eine Auswirkung zwischen der *Erfahrung* des Rezipienten mit einem Pop-Up-Store und dessen *Neugier* misst, musste verworfen werden. Zwar haben Personen, die bereits einen Pop-Up-Store besucht haben, eine niedrigere *Neugier*, jedoch nicht signifikant. Das Phänomen Pop-Up-Store löst bei allen Befragten eine hohe *Neugier* aus, unabhängig der jeweiligen *Erfahrung*. Diese Erkenntnis betont, dass Pop-Up-Stores den aktuellen Trend im Einzelhandel erfassen, bei dem die Ansprache potentieller Kunden über Emotionen für Einzelhändler und Investoren von zunehmendem Interesse ist. Obwohl die *Neugier*, wie angenommen bei denjenigen Personen, die bereits *Erfahrung* mit einem Pop-Up-Store haben, etwas niedriger ausgeprägt ist als bei Unerfahrenen, sind alle Befragten emotional gespannt auf ein solches Format.

Die unterschiedliche Auswirkung der Positionierung eines Pop-Up-Stores in das innenstädtische Raumgefüge auf die *Neugier* eines Konsumenten, ist eine weitere Erkenntnis. Ein Pop-Up-Store, der frei stehend auf einem Platz in der Innenstadt aufgestellt wird und eigens zu diesem Zweck konzipiert und gebaut wurde, erhöht die entstehende *Neugier* im Vergleich zu einer Positionierung innerhalb einer Ladenzeile deutlich. Ein frei stehender Pop-Up-Store fällt Passanten eher auf. In Anlehnung zu den erforschten Studien zur Salienz, beispielsweise durch Stoffregen und Bardy (2001) sowie Purschke (2014) sind Schlussfolgerungen damit auch auf Pop-Stores zulässig (vgl. Stoffregen/Bardy, 2001, S. 196-200; vgl. Purschke, 2014, S. 31). Dadurch, dass der Temporary-Store unerwartet in Erscheinung tritt, ist er salienter und gewinnt die Aufmerksamkeit des Betrachters. Damit entsteht unmittelbar eine

Spannung und eine *Neugier* beim Rezipienten. Auch ein Pop-Up-Store, der in eine freie Einzelhandelsimmobilie eingefügt wird, erzeugt eine *Neugier*, wenngleich signifikant geringer. Insbesondere in aktuellen Zeiten, in denen ein vermehrter Wechsel von Mietern im Einzelhandel wahrgenommen wird, fällt ein integrierter Pop-Up-Store möglicherweise nicht so stark auf. Ein frei stehender Pop-Up-Store wirkt hingegen unmittelbar, ist auffällig, zentral und ruft die Emotion *Neugier* hervor. Diese neuartige Erkenntnis, die bis dato erstmalig erforscht wurde, bestätigt den erlaubten Zusammenhang der psychologisch basierten Theorien zur *Salienz* mit den bereits erfassten Aufschlüssen des Retail-Konzepts *Pop-Up-Store*.

Die durchgeführten linearen Regressionen weisen signifikante Ergebnisse der Emotion *Neugier* und den Verhaltensintentionen *Word of Mouth* und *Kaufabsicht* auf. Mit steigenden Werten für die Variable *Neugier*, erhöht sich die *Weiterempfehlung* und die *Kaufabsicht*. Die Ergebnisse zeigen, dass die Emotion *Neugier* eine Handlungs-absicht beim Besucher auslöst. Diese ist von Relevanz für Einzelhändler und Unternehmen, denn eine erhöhte *Weiterempfehlung* dient als glaubwürdige und damit authentische Weitergabe von Erfahrungswerten an Bekannte und Freunde.

Ebenfalls konnte die zunehmende *Kaufabsicht*, bedingt durch eine Erhöhung der *Neugier*, in dieser Studie nachgewiesen werden. Die Ergebnisse sind hoch signifikant, die *Neugier* erklärt 51 % des Varianzanteils der abhängigen Variable *Kaufabsicht*. Die ausgelöste *Neugier* weckt damit eine Begehrlichkeit für das erwerbbare Produkt (vgl. Hutter, 2013, S. 38 f.). Das Festhalten oder Erinnern an eine positiv wahrgenommene Emotion könnte damit als Treiber fungieren, durch den es zur *Kaufabsicht* kommt.

Ebenfalls wird ein signifikanter Einfluss der unabhängigen Variable *Neugier* auf das *Erlebnis* festgestellt. Durch das erhöhte *Arousal*, welches durch die *Neugier* entsteht, steigt auch das wahrgenommene *Erlebnis* für einen Pop-Up-Store. Die bisherigen Erkenntnisse zum *Erlebnis* mit Temporary-Stores dürfen folglich um die Variable *Neugier* erweitert werden. Die *Neugier* erklärt signifikant 60 % der Varianz in der abhängigen Variable *Erlebnis*. Damit hat die steigende *Neugier* einen direkten positiven Einfluss auf eine erhöhte *Erlebnis*-Bewertung.

Wie bereits mittels angeführter Studien exploriert, hat auch die Variable *Erlebnis* einen jeweils signifikanten Einfluss auf die *Weiterempfehlung* und die *Kaufabsicht* in einem Pop-Up-Store. Auch die vorliegenden Ergebnisse dieser Erhebung bekräftigen diese Erkenntnisse und weisen eine vorhandene lineare Regressionen nach.

Dabei ist die Steigung der jeweiligen abhängigen Variable durch eine höhere Einheit in der unabhängigen Variable *Erlebnis* mit Werten von .77 für *WoM* und .85 bei *Kaufabsicht* beachtlich. Während das *Erlebnis* den Varianzanteil der *Kaufabsicht* zu 67 % erklärt, liegt der Wert beim *Word of Mouth* bei 39 % und ist damit vergleichsweise geringer. Die direkte Gegenüberstellung mit den gewonnenen Werten zur *Neugier*, dem *WoM* und der *Kaufabsicht* zeigen ebenfalls, dass sowohl die Steigung durch eine zusätzliche Einheit in der *Neugier* als auch die erklärte Varianz bei der unabhängigen Variable *WoM* niedriger ist (Steigung: .56, erklärte Varianz: 30 %) als bei der *Kaufabsicht* (Steigung: .63, erklärte Varianz: 51 %). Das *Erlebnis* hat somit einen direkteren Einfluss auf die Verhaltensintention als die *Neugier*. Demzufolge muss sowohl in der Forschung als auch bei der praktischen Umsetzung eines Pop-Up-Stores eine bestimmte Reihenfolge der Betrachtung bzw. Konzeption eingehalten werden. Zunächst hat die *Neugier* einen signifikanten Einfluss auf das *Erlebnis*. Das wahrgenommene *Erlebnis* wirkt im Anschluss direkt positiv linear auf die Verhaltensintention der *Weiterempfehlung* und noch stärker auf die *Kaufabsicht*.

5.2 Kritische Reflexion der Studie und Forschungsausblick

Insgesamt ergibt die explorative empirische Studie für alle bewährten Hypothesen durchgehend signifikante Ergebnisse. Die theoretischen Erörterungen im zweiten Kapitel bilden den Rahmen für die gebildeten Hypothesen und den darauf aufbauenden Fragebogen. Die Wahl für eine Online-Erhebung stellte sich als effizient und effektiv dar. Der durchgeführte Pre-Test vor der Haupterhebung des Fragebogens ließ Erkenntnisse für Veränderungen innerhalb des Fragebogens zu. Die metho-dische Vorgehensweise erwies sich somit als wertvoll.

Kritisch zu betrachten ist die Umsetzung zur Erfassung der präferierten Pop-Up-Store Kategorie. Ein experimentelles *Between-Subjekt Design* hätte die Versuchspersonen in zwei Gruppen eingeteilt. Jeder Gruppe wäre eine Pop-Up-Store Kategorie – frei stehend an einem eigenen Platz oder integriert, beispielsweise in einem Shopping-Center – präsentiert und die einzelnen Variablen konkret darauf bezogen erfasst worden. Damit wäre die Sicherstellung gewährleistet worden, dass sich ein Teilnehmer bei der Beantwortung der Fragen konkret auf die vorgegebene Pop-Up-Store Kategorie bezieht.

Da die Hypothesen – bis auf Hypothese $H_{1.2}$ – nicht bezogen sind auf unterschiedliche Werte der Gruppen in der präferierten Pop-Up-Store Kategorie, sondern insgesamt von der *Neugier* ausgehen, ist die gewählte Vorgehensweise zulässig. Die weiteren Möglichkeiten und Unterschiede sollten in einer weiterführenden Studie betrachtet werden. Diese Studie zeigt, dass die Kategorie einen signifikanten Einfluss auf die *Neugier* hat. Frei stehende Pop-Up-Stores werden positiver bewertet und lösen zudem auch mehr *Neugier* beim Rezipienten aus als integrierte Temporary-Stores.

Im Feedback einzelner Teilnehmer wurde erwähnt, dass die Aufforderung im Fragebogen zur Vorstellung eines bestimmten Pop-Up-Stores zu Irritationen geführt hat, vgl. Anhang 1, S. 103. Eine wiederholte Darstellung von Bildern, die einen Pop-Up-Store zeigen, wäre ausdrucksstärker und damit eindeutig gewesen. Im Pre-Test wurde diese Vorgehensweise noch gewählt, nachdem aber mehrfach geäußert wurde, dass dies überflüssig sei, wurde auf die wiederholte Bilddarstellung verzichtet. Für weitere Erhebungen sollte diese Präsentation aber wieder integriert werden, damit eine Präzisierung stattfindet.

Die Konstrukte bzw. zusammengefassten Variablen im Fragebogen bilden ausschließlich die Items der Originalskalen mit den stärksten Faktorladungen der englischen Versionen ab. Kritisch zu betrachten ist, dass es zu Übersetzungsdifferenzen im Vergleich zu den Originalinventaren kommen kann. Da mit den bereits empirisch verarbeiteten Versionen der Übersetzungen gearbeitet wurde, findet eine Anlehnung daran statt. Die exakte Überprüfung mit den Originalskalen hätte zu Übersetzungsschwierigkeiten bei den Teilnehmern führen können. Für weitere Studien sollte eine deutsche Version beibehalten werden. Wie im vorherigen Aspekt erörtert, sollten weitere einzelne Items für eine übergeordnete Variable erfasst werden und dann entsprechend der Reliabilitätsanalyse so festgelegt werden, dass diese künftig einheitlich im deutschsprachigen Forschungsraum Anwen-dung finden.

Zudem wurde die Variable *Word of Mouth* aus lediglich drei Items erhoben und zu einem Index zusammengefasst. In der Reliabilitätsanalyse zeigt sich, dass das Item *Ich würde anderen über diesen Pop-Up-Store (z.B. in sozialen Netzwerken) berichten* (vgl. Anhang 1, S. 105) mit einem maximalen Inter-Item-Korrelationswert von $r < .474$ nicht stark mit den beiden weiteren Aussagen der *Weiterempfehlung* zusammenhängt. Bei weiteren Forschungsarbeiten ist darauf zu achten, dass mehr Items zur *Weiterempfehlung* erhoben werden, um bei der Faktorenanalyse eine Extraktion durchzuführen, wenn einzelne Items zu schwach sind.

Grundsätzlich sind bei allen empirischen Erhebungen mögliche Störvariablen zu berücksichtigen. Als Moderatoren können beispielsweise demografische, persönliche oder situationsbedingte Faktoren die Ergebnisse zusätzlich beeinflussen. Die Theorien zeigen, dass jüngere Personen verstärkt auf innovative Handelskonzepte reagieren. Die vorliegende Arbeit vermittelt, dass Personen jeden Alters interessiert an Pop-Up-Stores sind. Die empirische Validität könnte noch erfasst werden. Auch die Tendenz zur Mitte wegen der vorrangig verwendeten 7-er Intervallskalen muss als mögliche Störvariable genannt werden. Da sich der verwendete und konzipierte Fragebogen auf die Originalskalen stützt, wurde das ursprünglich verwendete Ant-wortformat beibehalten.

Insgesamt muss die Erfassung der *Neugier* als emotionsgetriebener Motivator im Fragebogen kritisch betrachtet werden. Die Beantwortung eines Fragebogens bildet die bewusste kognitive Ebene des Beantwortenden ab und nicht das unterbewusste emotionale Erleben und Verhalten eines Konsumenten. Eine Verhaltensbeobachtung des Besuchers bei einem realen Pop-Up-Store würde das tatsächliche Verhalten erfassen und könnte eine alternative Vorgehensweise für weitere Forschungsansätze bilden. Die anschließende tatsächliche *Weiterempfehlung* oder auch das *Kaufverhalten* können damit direkt erfasst werden. Die Erhebung mittels Fragebogens misst vornehmlich die hypothetisch selbsteingeschätzte Verhaltensintention des Beantwortenden.

Die Ergebnisse dieser Studie zeigen die positive Wirkung einer Marke durch einen Pop-Up-Store, bei dem die *Neugier* geweckt wird und die Wahrnehmung sowie die Verhaltensintention gesteigert werden. Daher sollten weitere Forschungsansätze auch erfassen, welche Sinneswahrnehmungen und welche weiteren Faktoren das *Arousal* der Besucher erhöht. Dieser Aspekt wird des Weiteren dadurch unterstützt, dass Personen mit hohen *Sensation Seeking* Werten offener gegenüber anregenden Stimuli sind als Personen mit niedrigeren *Sensation Seeking* Werten. Weitere Studien könnten an dieser Stelle erheben, wie sich das *Arousal* und das *Sensation Seeking* ganz konkret auf die Bewertung, die *Neugier* und die Verhaltens-intention eines Pop-Up-Stores auswirken.

5.3 Implikationen für die Praxis

Circa 20 % der Teilnehmenden an der Umfrage gaben nach der Beantwortung ein zusätzlich positives Feedback in Form von Anrufen oder Textnachrichten. Es wurde betont, dass das Thema *Pop-Up-Store* spannend, interessant und anregend sei. Zudem wurden Vorschläge genannt, wie und mit welchen Produkten weitere Pop-Up-Stores für die Befragten von Interesse wären. So wurden beispielsweise Temporary-Stores für „*Retro*-Firmen und -Produkte wie Skateboards oder Gitarren“ und auch „für *Locals* wie Schneider oder Schuster" genannt, um Nischen zu besetzen. Damit erschließen sich weitere Möglichkeiten für Investoren eines Pop-Up-Stores. Da das Interesse an Pop-Up-Stores groß ist, kann dieses Konzept auch für eine Vielzahl von weiteren Produkten verwendet werden und damit das *Word of Mouth* und die *Kaufabsicht* dafür verstärkt werden. Das Marketing einer Marke, aber auch einzelner Regionen, Personenkreise sowie außergewöhnlicher oder herkömmlicher Produkte kann damit intensiviert werden. Durch die entstehende *Neugier* der Passanten am Temporary-Store wird damit automatisch die Aufmerksamkeit auch auf das Produkt gelenkt.

Die Erfassung der Auswirkung der jeweiligen Pop-Up-Store Kategorie auf die *Neugier* des Besuchers wurde erstmalig erfasst. Ein frei stehender und eigens zu diesem Zweck konzipierter Pop-Up-Store gefällt den 368 Umfrage-Teilnehmenden mehrheitlich besser als ein integrierter Pop-Up-Store in einem freien Ladenlokal. Gleichzeitig ist die ausgelöste *Neugier*, die bei einem frei stehenden Temporary-Store erzeugt wird, signifikant höher als bei einem integrierten Pop-Up-Store. Unternehmen sollten daher den Vorteil der frei gestalteten Variante bevorzugen und einen Kurzzeitladen bewusst mit den damit verbundenen Marketingzielen konzipieren. Örtliche Besonderheiten sollten dabei berücksichtigt werden, um die gewünschte Zielgruppe in der beabsichtigten Frequenz zu erreichen. Branchenexperten vor Ort sollten bei der Planung hinzugezogen werden, um den Überraschungseffekt des Guerilla-Marketings maximal positiv nutzen zu können. Eine Solitärstellung sollte dabei angestrebt werden.

Da sich die *Neugier* unmittelbar linear auf das *Erlebnis* und damit indirekt verbunden auf die *Weiterempfehlung* und die *Kaufabsicht* auslöst, muss die erzeugte *Neugier* beim Konsumenten maximal hoch sein. Spekulationen und Gerüchte über den Pop-Up-Store sind dafür ein ideales *Tool*. Sie müssen gezielt genutzt werden, bevor ein Temporary-Store unerwartet eröffnet wird. Zudem muss die Fassadengestaltung eines Pop-Up-Stores so auffällig sein, dass eine maximale Salienz beim Betrachter entsteht. Dessen *Arousal* muss durch die Sinneswahrnehmungen gesteigert werden, damit ein explizites Bestreben zum Konsumieren des Pop-Up-Stores hervorgerufen wird. Das heißt, neben der rein visuellen Gestaltung, sollten Investoren bei der Konzeption auch Aspekte integrieren, die die auditiven und beispielsweise olfaktorischen oder gustatorischen Sinne anregen.

Eine wesentliche Intention eines Unternehmens bei der Verwendung eines Pop-Up-Stores ist die *Weiterempfehlung* des Stores durch die Besucher. Da die erhöhte *Neugier* und das *Erlebnis* das *Word of Mouth* fördern, müssen Unternehmen ihren

Besuchern hierzu Anreize bieten. Innovative Tools und Features innerhalb des Pop-Up-Stores wie fotogene Kulissen mit einem eigens vorgegebenen Hashtag oder auch Gewinnspiele durch die Verlinkung des Pop-Up-Stores in Social Media Aktivitäten sind Möglichkeiten, die das *Word of Mouth* über den Temporary-Store steigern können.

Die *Kaufabsicht* wird häufig als sekundäres Ziel im Zusammenhang mit einem Pop-Up-Store erwähnt. Da Pop-Up-Stores als innovativ gelten und die *Neugier* des Besuchers erhöhen, sollte eine Konsum-Option angeboten werden. Limitierte Produkte stillen das Bedürfnis nach Einzigartigkeit und werden wie It-Pieces erlebt. Bekannten und Freunden diese neugier- und erlebnisauslösenden Momente zu zeigen oder ebenfalls über Social Media zu präsentieren, ist eine kostenfreie Werbemöglichkeit für eine Marke und sollte daher unbedingt genutzt werden. Zumal dies neben monetären Einnahmen ebenfalls als Maßnahme zur Steigerung der *Weiterempfehlung* des Unternehmens dient.

Für ein Unternehmen ist die *Weiterempfehlung* von Besuchern eines Pop-Up-Stores eine kostengünstige Werbung, die zugleich multiplikativ wirkt und positiv ist. Das Teilen und Berichten interessanter sowie wertvoller Erfahrungen und Emotio-nen an die eigene Bezugsgruppe muss damit zur eigenen PR eines Unternehmens genutzt werden. Das Konzept der Pop-Up-Stores hat die Voraussetzungen dafür.

Durch die zunehmende Vernetzung von Konsumenten untereinander kann die *Neugier* von potentiellen Kunden zudem dadurch gesteigert werden, wenn angekündigt wird, dass ein Pop-Up-Store nachdem er an einem Platz positioniert wurde, kurze Zeit später an einem unbekannten anderen Ort eröffnet. Neben der *Neugier* kann damit auch ein Spannungsbogen für Konsumenten aufgebaut werden. Dies ist ein Effekt, den Unternehmen und Investoren eines Pop-Up-Stores nutzen sollten, um die Begierde für den Store selbst und die darin erlebbaren bzw. zu erwerbenden Produkte auszulösen.

5.4 Fazit

Sowohl Personen, die bereits Erfahrung mit einem Pop-Up-Store haben als auch Unerfahrene erleben eine erhöhte *Neugier* bei der Betrachtung eines solchen Handelskonzepts. Der Unterschied zwischen den Gruppen ist nicht signifikant und damit irrelevant, denn Kurzzeitläden werden von der Mehrzahl der Befragten emotional bewusst wahrgenommen ($M_{Neugier} = 5.45$, $SD_{Neugier} = 1.05$).

Ein Novum in der Forschung ist die Erkenntnis, dass ein frei stehender und eigens dafür konzipierter Pop-Up-Store eines Unternehmens besser wahrgenommen wird als ein temporär Integrierter. Die räumliche Positionierung eines zeitlich befristeten Temporary-Stores verursacht einen hoch signifikanten Unterschied in der *Neugier*. Ein frei stehender Pop-Up-Store erhöht den emotionsgetriebenen Motivator *Neugier* signifikant mehr als ein integrierter Kurzzeitladen ($z = 3.200$, $p = .001$ mit $N = 368$).

Die Ergebnisse akzentuieren, dass sich mit der steigenden *Neugier* auch das wahrgenommene *Erlebnis* eines Pop-Up-Store Rezipienten signifikant linear erhöht ($F_{(1, 366)} = 551.50$, $p = .001$; $\beta = .78$, $t = 23.48$, $p < .001$ und $R_{korr}^2 = .60$). In Bezug auf die Verhaltensabsichten *Word of Mouth* und *Kaufabsicht* muss anhand der erfassten Ergebnisse angenommen werden, dass diese durch die *Neugier* ebenfalls linear ansteigen und dies signifikant. Anzumerken ist, dass die Steigung der Regression und der Varianzanteil, die durch die *Neugier* erklärt werden, bei der *Kaufabsicht* ($F_{(1, 366)} = 375.42$, $p = .001$; $\beta = .71$, $t = 19.38$, $p = .001$ und $R_{korr}^2 = .51$) höher sind als beim *Word of Mouth* ($F_{(1, 366)} = 153.25$, $p = .001$; $\beta = .54$, $t = 12.38$, $p = .001$ und $R_{korr}^2 = .30$). In diesem Zusammenhang ist anhand der explorierten Ergebnisse erkennbar, dass die Betrachtung der Reihenfolge entsprechender Wirkmechanismen für künftige Forschungsarbeiten Berücksichtigung finden sollte. Da die Regressionen und Varianzen der Verhaltensintentionen, verursacht durch das *Erlebnis*, höhere Werte messen als bei der *Neugier*, muss künftig zunächst die *Neugier*, dann deren Einfluss auf das *Erlebnis* und daran anschließend die Verhaltensintentionen *WoM* und *Kaufabsicht* dargestellt werden.

Die Zusammenführung sämtlich getätigter Ausarbeitungen in dieser Arbeit zeigen den Einfluss von Emotionen auf die Verhaltensabsicht. Sie weisen nach, dass nur bei der Berücksichtigung der vollständigen Erörterungen kennzeichnende Handlungsempfehlungen für die Forschung und die Praxis möglich sind. Die emotionale Ansprache von Konsumenten und Besuchern eines Pop-Up-Stores ist von zentraler Bedeutung für die Verhaltensabsicht. Damit dies valide und reliabel genutzt werden kann, ist ein Rahmen notwendig, der die psychologischen Mechanismen menschlichen Erlebens und Verhaltens ermöglicht. Diese Vorgehensweise wurde in der vorliegenden Studie berücksichtig.

Die Aussage, dass Pop-Up-Stores als innovatives Handelsformat im Rahmen einer Guerilla-Strategie sowohl relevant sind für Investoren, Unternehmen und Betreiber von Temporary-Stores als auch für die Konsum- und Marketingforschung, ist daher zulässig. *POP me UP – Der Einfluss von Emotionen auf die Konsumentenwahrnehmung und Weiterempfehlung von Pop-Up-Stores* ist vorliegend erfüllt.

Literaturverzeichnis

Ajzen, I./Albarracín, D./Hormik, R. (2007): Prediction and Change of Health Behavior, London: Lawrence Erlbaum Associates, 3-21.

Akhtar, S. (2017): Open-mouthed and Wide-eyed: Psychoanalytic Reflections on Curiosity, in: Journal of the American Psychoanalytic Association, 65(2), 264-304.

Antonides, G./van Raaj, F. W. (1998): Consumer Behaviour: A European Perspec-tive, London: Wiley.

Ausschuss für Definitionen zu Handel und Distribution (2006): Katalog E Definitionen zu Handel und Distribution, in: ifh Köln, 5. Ausgabe, Köln.

Baker, A. M./Moschis, G. P./Rigdon, E. E./Fatt, C. K. (2016): Linking family structure to impulse-control and obsessive–compulsive buying, in: Journal of Consumer Behaviour, 2016(15), 291-302.

Baumgarth, C./Kastner, O. L. (2012): Pop-up-Stores im Modebereich – Erfolgsfaktoren einer vergänglichen Form der Kundeninspiration, in: Marketing Review St. Gallen, 2012(5), 34-44.

Berlyne, D. E. (1966): Curiosity and Exploration, in: Science, 153(3731), 25-33.

Bernat, E. M./Cadwallader, M./Seo, D./Vizueta, N./Patrick, C. J. (2011): Effects of Instructed Emotion Regulation on Valence, Arousal, and Attentional Measures of Affective Processing, in: Developmental Neuropsychology, 36(4), 493-518.

Bianchi, M. (2014): The Magic of Storytelling: How Curiosity and Aesthetic Prefe-rences Work, in: Economics: The Open-Access, Open-Assessment E-Journal, 44(8), 1-30.

Bigat, E. C. (2012): Guerrilla advertisement and marketing, in: Procedia - Social and Behavioral Sciences, 51, 1022-1029.

Blanz, M. (1999): Wahrnehmung von Personen als Gruppenmitglieder, Berlin: Wax-mann.

Bühringer, G. (2004): Wenn Arbeiten, Einkaufen oder Glücksspielen pathologisch eskalieren: Impulskontrollstörung, Sucht oder Zwangshandlung?, in: Verhal-tenstherapie, 14, 86-88.

BulwienGesa/DZ Bank (2018a): Entwicklung der Spitzenmiete für Einzelhandels-immobilien in Köln von 2014 bis 2019 (in Euro je Quadratmeter), Statista (2019), verfügbar unter: https://de.statista.com/statistik/daten/studie/578825/umfrage/spitzenmiete-fuer-einzelhandelsimmobilien-in-koeln/ (Stand: 08.04.2019).

BulwienGesa/DZ Bank (2018b): Entwicklung der Spitzenmiete für Einzelhandels-immobilien in München von 2013 bis 2019 (in Euro je Quadratmeter), Statista (2019), verfügbar unter: https://de.statista.com/statistik/daten/studie/578727/umfrage/spitzenmiete-fuer-einzelhandelsimmobilien-in-muenchen/ (Stand: 08.04.2019).

Burgess, B. (2012): Pop-up Retailing: The Design, Implementation, and Five-Year Evolution of an Experiential Learning Project, in: Journal of Marketing Educa-tion, 34(3), 284-296.

Cachero-Martínez, S./Vázquez-Casielles, R. (2017a): Living positive experiences in store: how it influences shopping experience value and satisfaction?, in: Jour-nal of Business Economics and Management, 18(3), 537-553.

Cachero-Martínez, S./Vázquez-Casielles, R. (2017b): Stimulating Curiosity and Consumer Experience in a Retailer, in: American Journal of Industrial and Business Management, 2017(7), 473-486.

Cachero-Martínez, S./Vázquez-Casielles, R. (2018): Developing the Marketing Ex-perience to Increase Shopping Time: The Moderating Effect of Visit Frequen-cy, in: Administrative Sciences, 8(77), 1-22.

Chang, Y. (2017): Why Do Young People Multitask With Multiple Media? Explicating the Relationships Among Sensation Seeking, Needs, and Media Multitasking Behavior, in: Media Psychology, 20(4), 685-703.

Chen, W. C./Fiore, A. M. (2017): Factors affecting Taiwanese consumers' respon-ses toward pop-up retail, in: Asia Pacific Journal of Marketing and Logistics, 29(2), 370-392.

Cohen, E. (2010): The courage of Curiosity, or the heart of truth (a mash-up), in: Criticism, 52(2), 201-207.

Cohen, J. (1988): Statistical power analysis for the behavioral sciences, Hillsdale: Erlbaum.

Da Silva, R. V./Alwi, S. F. S. (2006): Cognitive, affective attributes and conative, behavioural responses in retail corporate branding, in: Journal of Product & Brand Management, 15(5), 293-305.

De Lassus, C./Anido Freire, N. (2014): Access to the luxury brand myth in pop-up stores: A netnographic and semiotic analysis, in: Journal of Retailing and Consumer Services, 21(1), 61-68.

Dinh, T. D./Mai, K. N. (2016): Guerrilla marketing's effects on Gen Y's word-of-mouth intention – a mediation of credibility, in: Asia Pacific Journal of Marke-ting and Logistics, 28(1), 4-22.

Eagly, A. H./Chaiken, S. (1993): The psychology of attitudes, Fort Worth (TX): Har- court, Brace, Jovanovich.

Eagly, A. H./Chaiken, S. (2007): The Advantages of an inclusive definition of atti-tude, in: Social Cognition, 25(5), 582-602.

EHI (2017a): Navigator für neue Store-Formate, in: EHI Retail Institute GmbH, 1-16.

EHI (2017b): „Lakrids"-Pop-up-Store in Düsseldorf, EHI Stores + Shops (15.11.2017), verfügbar unter: https://www.stores-shops.de/neueroeffnungen/lakrids-pop-up-store-in-duesseldorf/ (Stand: 30.04.2019).

EHI Retail Institute (2015): Aussagen zu Auswirkungen von Omnichannel-Kon-zep-ten im D-A-CH-Einzelhandel im Jahr 2015, Statista (2019), verfügbar unter: https://de.statista.com/statistik/daten/studie/482832/umfrage/aussagen-zu-auswirkungen-von-omnichannel-konzepten-im-d-a-ch-einzelhandel/ (Stand: 08.04.2019).

Ekman, P./Davidson, R. J. (1994): The nature of emotion: Fundamental questions, New York (NY): Oxford University Press.

Fabrigar, L. R./Priester, J. R./Petty, R. E./Wegener, D. T. (1998): The Impact of Atti-tude Accessibility on Elaboration of Persuasive Messages, in: Personality and Social Psychology Bulletin, 24(4), 339-352.

Fashion Gone Rogue (2012): Chanel Releases Limited Edition `Boy` Bag for Cour-chevel Boutique, Fashion Gone Rogue (19.12.2012), verfügbar unter: https://www.fashiongonerogue.com/chanel-releases-limited-edition-boy-bag-for-courchevel-boutique/ (Stand: 30.04.2019).

Fiske, A. P./Haslam, N. (1996): Social Cognition Is Thinking about Relationships, in: Current Directions in Psychological Science, 5(5), pp. 143-148.

Fiske, S. T. (2004): Social beings: A core motives approach to social psychology, Chichester (UK): Wiley.

Fiske, S. T./Cuddy, A. J. C./Glick, P. (2001): Universal dimensions of social cognition: warmth and competence, in: TRENDS in Cognitive Sciences, 11(2), 77-83.

Fiske, S. T./Goodwin, S. A. (1994): Introduction: Social Cognition Research and Small Group Research, a West Side Story or...?, in: University of Massa-chusetts at Amherst, 25(2), 147-171.

Frasquet, M./Dawson, J./Calderón, H./Fayos, T. (2018): Integrating embeddedness with dynamic capabilities in the internationalisation of fashion retailers, in: International Business Review (Article in press; Stand 29.03.2019).

Gentry, C. R. (2011): Limited Edition Retail, in: Chain Store Age, 87(7), 14-16.

George, B. P./Yaoyuneyong, G. (2010): Impulse buying and cognitive dissonance: a study conducted among the spring break student shoppers, in: Young Con-sumers, 11(4), 291-306.

Gogoi P. (2007): Pop-up stores: All the rage, Bloomberg Business Week (09.02.2007), verfügbar unter: https://www.bloomberg.com/news/articles/2007-02-09/pop-up-stores-all-the-ragebusinessweek-business-news-stock-market-and-financial-advice (Stand: 28.03.2019).

Gökerik, M./Gürbüz, A./Erkan, I./Mogaji, E./Sap, S. (2018): Surprise me with your ads! The impacts of guerrilla marketing in social media on brand image, in: Asia Pacific Journal of Marketing and Logistics, 30(5), 1222-1238.

Gross, A. (2014): Publishers React to Amazon's Pop-Up Stores, Publishers Weekly Online (17.10.2014), verfügbar unter: https://www.publishersweekly.com/pw/by-topic/digital/devices/article/64413-publishers-react-to-amazon-s-pop-up-stores.html (Stand: 04.04.2019).

Gross, J. J. (1998): Antecedent- and response-focused emotion regulation: Diver-gent consequences for experience, expression, and physiology, in: Journal of Personality and Social Psychology, 74(1), 224-237.

Gross, J. J./Levenson, R. W. (1993): Emotional suppression: Physiology, self-report, and expressive behavior, in: Journal of Personality and Social Psycholo-gy, 64, 970-986.

Haas, S./Schmidt, L. (2016): What Drives the Success of Pop-Up Stores?, in: Wissenschaftliche Beiträge TH Wildau, 2016(20), 89-95.

Havekes, I. (2017): Vitra Pop-Up Store Amsterdam & Zurich, Vitra (26.10.2017), verfügbar unter: https://www.vitra.com/de-de/news/details/pop-up-store (Stand: 30.04.2019).

Hill, K. M./Fombelle, P. W./Sirianni, N. J. (2016): Shopping under the influence of curiosity: How retailers use mystery to drive purchase motivation, in: Journal of Business Research, 69(2016), 1028–1034.

Hoyer, W. D./Stokburger-Sauer, N. E. (2012): The role of aesthetic taste in consu-mer behavior, in: Journal of the Academy of Marketing Science, 40(1), 167-180.

Hoyle, R. H./Stephenson, M. T./Palmgreen, P./Lorch, E. P./Donohew, R. L. (2002): Personality and Individual Differences, 2002(32), 401-414.

Hurth, J./Krause, M. (2010): Ortswechsel – Pop-up-Stores als innovativer Betriebs-typ, in: transfer Werbeforschung & Praxis, 54(1), S. 33-40.

Hutter, K. (2013): Pop-up-Stores als temporäre Kundeninspiration, in: Absatzwirt-schaft, 2013(1-2), 38-40.

Hutter, K./Hoffmann, S. (2011): Guerrilla Marketing: The Nature of the Concept and Propositions for Further Research, in: Asian Journal of Marketing, 5(2), 39-54.

Hutter, K./Hoffmann, S. (2013): Professionelles Guerilla-Marketing, Wiesbaden: Springer.

Hutter, K./Hoffmann, S. (2014): Surprise, Surprise. Ambient Media as Promotion Tool for Retailers, in: Journal of Retailing, 90(1), 93-110.

Ibrahim, M. F./Chua, C. P. (2010): Permanent and temporary retail space: shoppers' perceptions of in-line stores and retail carts in Singapore, in: Journal of Pro-perty Investment & Finance, 28(2), 123-139.

Jackson, C. J. (2011): How Sensation Seeking provides a common basis for functional and dysfunctional outcomes, in: Journal of Research in Personality, 2011(45), 29-36.

Jang, L. Y./Baek, E./Choo, H. J. (2018): Managing the visual environment of a fashion store: Effects of visual complexity and order on sensation-seeking con-sumers, in: International Journal of Retail & Distribution Management, 46(2), 210-226.

Jeong, S. W./Fiore, A. M./Niehm, L. S./Lorenz, F. O. (2009): The role of experiential value in online shopping: The impacts of product presentation on consumer responses towards an apparel web site, in: Internet Research, 19(1), 105-124.

Jonas, K./Stroebe, W./Hewstone, M. (2007): Sozialpsychologie, Heidelberg: Sprin-ger.

Kaczorowska-Spychalska, D. (2017): Consumer perspective of omnichannel com-merce, in: Management, 21(2), 95-108.

Kamp, D./Griffin, S./McNab, J. (2014): Fashion Collaboration Pop Up Store, Behance (07.04.2014), verfügbar unter: https://www.behance.net/gallery/15905131/Fashion-Collaboration-Pop-Up-Store (Stand: 30.04.2019).

Kashdan, T. B./Roberts, J. E. (2006): Affective outcomes in superficial and intimate interactions: Roles of social anxiety and curiosity, in: Journal of Research in Personality, 2006(40), 140-167.

Kashdan, T. B./Steger, M. B. (2007): Curiosity and pathways to well-being and meaning in life: Traits, states, and everyday behaviors, in: Motivation and Emotion, 2007(31), 159-173.

Kästner, E./Springer, C./Kirchgeorg, M. (2011): Goal Relations at Trade Shows – a B-to-B versus B-to-C Comparison, in: Marketing Review St. Gallen, 2011(2), 22-27.

Khan, H. (2018): 8 Ways a Pop-Up Store Can Boost Revenue and Build Buzz for Your Brand, Shopify Blogs (22.03.2018), verfügbar unter: https://www.shopify.com/retail/120059907-8-ways-pop-up-stores-can-boost-revenue-and-build-buzz-for-your-brand (Stand: 30.04.2019).

Kim, H./Fiore, A. M./Niehm, L. S./Jeong, M. (2008): Consumer Innovativeness and Behavioral Intentions Towards Pop-up Retail, in: Apparel, Events and Hospi-tality Management Conference Proceedings and Presentations, 65, 1-3.

Kim, H./Fiore, A. M./Niehm, L. S./Jeong, M. (2010): Psychographic characteristics affecting behavioral intentions towards pop-up retail, in: International Journal of Retail & Distribution Management, 38(2), 133-154.

Klein, J. F./Falk, T./Esch, F.-R./Gloukhovtsev, A. (2016): Linking pop-up brand stores to brand experience and word of mouth: The case of luxury retail, in: Journal of Business Research, 69(2016), 5761–5767.

Krishna, A./Morrin, M. (2008): Does touch affect taste? The perceptual transfer of product container haptic cues, in: Journal of Consumer Research, 2008(34), 807-818.

Kushner, H. (2019): Uniqlo Cubes, Hollwich Kushner Homepage (2019), verfügbar unter: https://hwkn.com/projects/uniqlo-cubes/ (Stand: 05.04.2019).

Langner, S. (2007): Viral Marketing: Wie Sie Mundpropaganda gezielt auslösen und Gewinn bringend nutzen, 2. Aufl., Wiesbaden: Gabler.

Leinbach-Reyhle, N. (2014): Pop-Up Retailers: Must Know Details to Make Yours a Success, Forbes (24.12.2014), verfügbar unter: http://www.forbes.com/sites/nicoleleinbachreyhle/2014/12/24/pop-up-retailers-must-know-details-to-make-yours-a-success (Stand: 04.04.2019).

Loucks, J./Pechey, M. (2016): Human Action Perception is Consistent, Flexible, and Orientation Dependent, in: Perception, 45(11), 1222-1239.

Lührmann (2016): Wie beurteilen Sie die allgemeine Relevanz für den gesamten deutschen Einzelhandel?, Statista (2019), verfügbar unter: https://de.statista.com/statistik/daten/studie/295408/umfrage/umfrage-zur-bedeutung-von-vertriebskanaelen-und-betriebsformen-im-einzelhandel/ (Stand: 08.04.2019).

Marciniak, R./Budnarowska, C. (2009): Marketing Approaches to Pop up Stores: Exploration of social networking, verfügbar unter: http://eprints.bournemouth.ac.uk/15678/2/EAERCD_2009_Marciniak_%26_Budnarowska.pdf (Stand: 28.03.2019).

McNaughton, M. J. (2008): Guerrilla communication, visual consumption, and con-sumer public relations, in: Public Relations Review, 2008 (34), 303-305.

Merten, J. (2003): Einführung in die Emotionspsychologie, Stuttgart: Kohlhammer.

Merz, H./Karch, S./Koller, G./Bouna-Pyrrou, P./Karamatskos, E./Leicht, G./Mulert, C./Riedel, M./Pogarell, O. (2009): Elektrophysiologische Korrelate von Verhal-tensinhibition und Entscheidungsprozessen bei Patienten mit Störung der Im-pulskontrolle, in: Klinische Neurophysiologie, 40(01) [Peer Reviewed].

Niehm, L. S./Fiore, A. M./Jeong, M./Kim, H.-J. (2007): Pop-up Retail's Acceptability

as an Innovative Business Strategy and Enhancer of the Consumer Shopping Experience, in: Journal of Shopping Center Research, 13(2), 1-30.

Nunnally, J. C. (1978): Psychometric theory, 2. Ausgabe, New York: McGraw-Hill.

Olsen, M. A./Fazio, R. H. (2001): Implicit Attitude Formation through Classical Con-ditioning, in: Psychological Science, 12(5), 413-417.

Orgs, G./Bestmann, S./Schuur, F./Haggard, P. (2011): From body form to biological motion: The apparent velocity of human movement biases subjective time, in: Psychological Science, 22, 712-717.

Petty, R. E./Krosnick, J. A. (1995): Attitude strength: Antecedents and Consequen-ces, Mahwah (NJ): Erlbaum Associates.

Phillips, R. (2015): Curiosity: Care, Virtue and Pleasure in Uncovering the New, in: Theory, Culture & Society, 32(3),149-161.

Pick, D./Kenning, P. (2012): Kommunikation von Knappheit im Einzelhandel, in: transfer Werbeforschung & Praxis, 58(2), 47-57.

Pickett-Baker, J./Ozaki, R. (2008): Pro-environmental products: Marketing influence on consumer purchase decision, in: Journal of Consumer Marketing, 25(5), 281-293.

Picot-Coupey, K. (2014): The pop-up store as a foreign operation mode (FOM) for retailers, in: International Journal of Retail & Distribution Management, 42(7), 643-670.

Pinterest (2013): Nespresso opened a pop-up-store in Melbournes Federation, Pinterest (o.J.), verfügbar unter: https://i.pinimg.com/originals/db/15/e3/db15e3844fa23a32047a734e13b3202d.jpg (Stand: 30.04.2019).

Pomodoro, S. (2013): Temporary retail in fashion system: an explorative study, in: Journal of Fashion Marketing and Management: An International Journal, 17(3), 341-352.

Pookulangara S., Hawley J., Xiao G. (2011): Explaining multi-channel consumer's channel-migration intention using theory of reasoned action, in: International Journal of Retail & Distribution Management, 39(3), 193-202.

Proulx, M. J./Todorov, O. S./Aiken, A. T./de Sousa, A. A. (2016): Where am I? Who am I? The Relation Between Spatial Cognition, Social Cognition and Individual Differences in the Built Environment, in: Frontiers in Psychology, 7(44), 1-23.

Purschke, C. (2014): I remember it like it was interesting: Zur Theorie von Salienz und Pertinenz, in: Linguistik Online, 66(4), S. 31.

Radowitz, S. (2019): Modevergnügen #6 (Part 2) mit Verlosung, Mit Vergnügen (o.J.), verfügbar unter: https://mitvergnuegen.com/modevergnuegen/modevergnuegen-6-part-2 (Stand: 30.04.2019).

Retief, M. M./Jacobs, B./Fiore, A. M. (2013): The Effects of Internal and External Factors on South African Consumers' Impulse Intention to Visit Pop-up Stores, in: Apparel, Events and Hospitality Management Conference Proceedings and Presentations, 79, 1-3.

Russo Spena, T./Caridà, A./Colurcio, M./Melia, M. (2012): Store experience and co- creation: the case of temporary shop, in: International Journal of Retail & Distri-bution Management, 40(1), 21-40.

Ryu, J. S. (2011): Consumer Attitudes and Shopping Intentions toward Pop-up Fashion Stores, in: Journal of Global Fashion Marketing, 2011(2-3), 139-147.

Sääksjärvi, M./Gill, G./Hultink, E. J. (2017): How rumors and preannouncements foster curiosity toward products, in: European Journal of Innovation Manage-ment, 20(3), 350-371.

Sartory, G. (1986): Autonomic arousal: Emotion, arousal or information process-sing?: The case of the electrodermal response, in: Biological Psychology, 23(1), 95-96.

Schmitt, B. H./Mangold, M. (2004): Kundenerlebnis als Wettbewerbsvorteil, Wies-

baden: Gabler.

Schulte, T. (2007): Guerilla-Marketing für Unternehmertypen – Das Kompendium, 3. Aufl., Sternenfels: Wissenschaft & Praxis.

Smith, R. E./Swinyard, W. R. (1988): Cognitive Response to Advertising and Trial: Belief Strength, Belief Confidence and Product Curiosity, in: Journal of Adver-tising, 17(3), 3-14.

Sneekerbob (2011): Adidas Pop-Up-Store im Hotel Chelsea, verfügbar unter: http://sneakerb0b.de/adidas-pop-up-store-im-hotel-chelsea/4166 (Stand: 12.04.2019).

Statista (2017): Wie häufig kaufen Sie Kleidung in Pop-Up-Stores?, Statista (2019), verfügbar unter:

https://de.statista.com/prognosen/781972/umfrage-zur-haeufigkeit-des-kleidungskaufs-in-pop-up-stores (Stand: 08.04.2019).

Stoffregen, T. A./Bardy, B. G. (2001): On specification and the senses, in: Behavio-ral and Brain Sciences, 2001(24), 195-261.

Surchi, M. (2011): The temporary store: a new marketing tool for fashion brands, in: Journal of Fashion Marketing and Management, 15(2), 257-270.

Taube, J./Warnaby, G. (2017): How brand interaction in pop-up shops influences consumers' perceptions of luxury fashion retailers, in: Journal of Fashion Marketing and Management, 21(3), 385-399.

Thomas, V. A./Vinuales, G. (2017): Understanding the role of social influence in piquing curiosity and influencing attitudes and behaviors in a social network environment, in: Psychology & Marketing, 2017(34), 884-893.

Thurstone, L. L. (1928): Attitudes Can Be Measured, in: American Journal of Socio-logy, 33(4), 529-554.

Vargas, P. T./von Hippel, W./Petty, R. E. (2004): Using Partially Structured Attitude Measures to Enhance the Attitude-Behavior Relationship, in: Personality and Social Psychology Bulletin, 30(2), 197-211.

Wander-Lust (2018): Hema opens up a Easter Egg Pop-Up Store, Wander-Lust (09.03.2018), verfügbar unter:

https://www.wander-lust.nl/hema-opens-up-a-easter-egg-pop-up-store/ (Stand: 30.04.2019).

Wang, P. K./Ahmed, C. L. (2007): Dynamic capabilities: A review and research agenda, in: IJMR International Journal of Management Reviews, 9(1), 31-51.

Wang, Q. (2016): Why Should We All Be Cultural Psychologists? Lessons From the Study of Social Cognition, in: Perspectives on Psychological Science, 11(5), 583-596.

Warnaby, G./Shi, C. (2018): Pop-up Retailing – Managerial and Strategic Per-spec-tives, Cham: Springer.

Werth, L./Mayer, J. (2008): Sozialpsychologie, Berlin: Spektrum.

Winter, K. (2009): Wirkung von Limited Editions für Marken. Theoretische Überle-gungen und empirische Überprüfung, Wiesbaden: Gabler.

Zuckerman, M. (1996): The Psychobiological Model for Impulsive Unsocialized Sensation Seeking: A Comparative Approach, in: Neuropsychology, 34(3), 125-129.

Zuckerman, M./Glicksohn, J. (2016): Hans Eysenck's personality model and the constructs of sensation seeking and impulsivity, in: Personality and Individual Differences, 2016(103), 48-52.

Zukunft des Einkaufens (2017): Pop-Up Stores: Die Spielwiesen für Marketing Manager, Zukunft des Einkaufens (15.02.2017), verfügbar unter:

https://zukunftdeseinkaufens.de/pop-up-stores-die-spielwiesen-fuer-marketing-manager/ (Stand: 30.04.2019).

Zunick, P. V./Teeny, J.D./Fazio, R. H. (2017): Are Some Attitudes More Self-Defining Than Others? Assessing Self-Related Attitude Functions and Their Consequences, in: Personality and Social Psychology Bulletin, 43(8), 1136-1149.

Anhang Bilderauswahl für den Fragebogen mit Quellenangaben

Abb. 25: Pop-Up-Store Logo von Zalando (Radowitz, 2019, verfügbar unter: https://mit-vergnuegen.com/modevergnuegen/modevergnuegen-6-part-2).

Abb. 26: Örtlich integrierte Pop-Up-Stores (EHI, 2017b, verfügbar unter: https://www.stores-shops.de/neueroeffnungen/lakrids-pop-up-store-in-duesseldorf/; Wander-Lust, 2018, verfügbar un-ter: https://www.wander-lust.nl/hema-opens-up-a-easter-egg-pop-up-store/; Havekes, 2017, verfüg-bar unter: https://www.vitra.com/de-de/news/details/pop-up-store; Kamp/Griffin/McNab, 2014, ver-fügbar unter: https://www.behance.net/gallery/15905131/Fashion-Collaboration-Pop-Up-Store).

Abb. 27: Örtlich frei stehende Pop-Up-Stores (Khan, 2018, verfügbar unter: https://www.shopify.com/retail/120059907-8-ways-pop-up-stores-can-boost-revenue-and-build-buzz-for-your-brand; Zukunft des Einkaufens, 2017, verfügbar unter: https://zukunftdeseinkaufens.de/pop-up-stores-die-spielwiesen-fuer-marketing-manager/; Fashion Gone Rogue, 2012, verfügbar unter: https://www.fashiongonerogue.com/chanel-releases-limited-edition-boy-bag-for-courchevel-boutique/; Pinterest, 2013, verfügbar unter: https://i.pinimg.com/originals/db/15/e3/db15e3844fa23a32047a734e13b3202d.jpg).